Histoire critique des monopoles

Une perspective juridique et économique

HISTOIRE CRITIQUE DES MONOPOLES

UNE PERSPECTIVE JURIDIQUE ET ÉCONOMIQUE

Calixto SALOMAO FILHO

L.G.D.J

lextenso éditions

La Collection Droit & Économie

Abello Alexandra, *La licence, instrument de régulation des droits de propriété intellectuelle*, 2008.

Audit Mathias, Muir Watt Horatia et Pataut Étienne (sous la dir. de), *Conflits de lois et régulation économique*, 2008.

Bonfils Sébastien, *Le droit des obligations dans l'intermédiation financière*, 2005.

Bouthinon-Dumas Hugues, *Le droit des sociétés cotées et le marché boursier*, 2007.

Canivet Guy (sous la dir. de), *La modernisation du droit de la concurrence*, 2005.

Canivet Guy, Frison-Roche Marie-Anne et Klein Michael (sous la dir. de), *Mesurer l'efficacité écomomique du droit*, 2005.

Chevalier Jean-Marie, Frison-Roche Marie-Anne, Keppler Jan Horst, Noumba Um Paul (sous la dir. de), *Économie et droit de la régulation des infrastructures*, 2008.

Frison-Roche Marie-Anne, et Abello Alexandra (sous la dir. de), *Droit et économie de la propriété intellectuelle*, 2005.

Frison-Roche Marie-Anne (sous la dir. de), *Concurrence, santé publique, innovation et médicament*, 2010.

Frison-Roche Marie-Anne (sous la dir. de), *Les banques entre droit et économie*, 2006.

Jamin Christophe (sous la dir. de), *Droit et économie des contrats*, 2008.

Maitre Grégory, *La responsabilité civile à l'épreuve de l'analyse économique du droit*, 2005.

Parachkévova Irina, *Le pouvoir de l'investisseur professionnel dans la société cotée*, 2005.

Royer Guillaume, *L'efficience en droit pénal économique*, 2000.

Sibony Anne-Lise, *Le juge et le raisonnement économique en droit de la concurrence*, 2008.

Voinot Denis, *Droit économique des entreprises en difficulté*, 2007.

Lextenso éditions, 33, rue du Mail, 75081 Paris Cedex 02
ISBN : 978-2-275-03547-5
ISSN : 1774-2765

À mon père, qui m'a transmis son intérêt pour la langue et la culture françaises.

Avant-propos

Les analyses économiques du droit soulèvent des problèmes méthodologiques importants. Influencées par le modèle économique néoclassique, elles sont souvent critiquées par des juristes et économistes. Une critique récurrente des analyses économiques est le caractère réducteur de la méthodologie mathématique. Certaines prémisses et conclusions discutables, axées sur une trop grande simplification de la réalité sociale, suscitent une méfiance en ce qui concerne leur résultat.

En retour, les analyses juridiques, fondées principalement sur des considérations normatives et dogmatiques, voire même sur l'étude d'institutions, conduisent certains économistes à critiquer le manque de rigueur scientifique de ces analyses, ainsi que l'absence d'utilité des conclusions éloignées de la réalité.

Il est nécessaire de savoir à quel point de telles critiques sont justifiées. À cet égard, des analyses interdisciplinaires ne peuvent pas se limiter à des lois et institutions examinées par des économistes mathématiciens ou à des données économiques étudiées par des juristes. Il faut développer une méthode intégrant au mieux ces deux points de vue.

Il serait sans doute vain de chercher à identifier une méthode parfaite et originale. C'est la raison pour laquelle nous avons opté pour une méthode classique, en recourant à l'Histoire pour essayer d'intégrer ces deux points de vue. C'est par le biais de cette méthode que nous avons tenté de limiter les effets du réductionnisme propre à l'analyse économique et le relativisme pouvant caractériser l'approche juridique. Cette démarche historique permet d'identifier les structures et institutions juridiques durables dont dépend l'évolution tendancielle du fonctionnement du système économique.

Une telle démarche est probablement également critiquable pour les raisons susmentionnées (relativisme, nécessité d'utiliser plus amplement des instruments économétriques). La différence entre les formations scientifiques des juristes, économiques et autres spécialistes des sciences sociales explique pourquoi il n'est pas possible aujourd'hui, ni demain, de trouver un consensus sur des méthodes utilisées par certains mais qui restent étrangères à d'autres. C'est pourquoi, afin d'anticiper des critiques éventuelles, nous avons complété notre analyse historique par des travaux auxiliaires. Il en est ainsi de la référence à une étude économétrique de l'auteur et d'économétriciens brésiliens, afin de mettre une thèse historique à l'épreuve d'un examen sceptique mathématique (voire note de bas de page 4 du chapitre 1). Dans un même ordre d'idées, la rédaction juridique du dernier chapitre propose une analyse juridique (qui fera l'objet d'autres travaux futurs) structuraliste et une construction systémique, à partir de conclusions historiques données. Au final, l'analyse historique proposée sert de fondement pour une construction juridique.

Une telle construction juridique est nécessairement critique, dans la mesure où elle est fondée sur une révision de l'Histoire en tant que processus de formation de structures économiques et juridiques qui ont influencé d'une façon négative le développement de l'activité économique et les processus de redistribution des richesses au sein de la société.

Nous espérons ainsi que le présent travail puisse donner aux lecteurs francophones une vision intégrée de la problématique concernant les structures économiques et leurs conséquences juridiques. Une telle vision intégrée prend en considération non seulement la réalité européenne, mais également et surtout les aspects de la concentration économique dans les pays en voie de développement, notamment ceux qui sont considérés comme les nouvelles grandes économies, par exemple le Brésil et l'Inde. À cet égard, le fait que l'auteur soit originaire de l'un de ces pays (le Brésil) et y réside, contribue à la justification de l'intérêt d'une analyse unique.

Enfin, je souhaite adresser mes remerciements les plus sincères tout particulièrement à ma collègue, le Professeur Marie-Anne Frison-Roche, que j'ai eu le plaisir de rencontrer au cours de différents séjours à Sciences Po Paris en tant que professeur invité et avec laquelle j'ai pu échanger à maintes reprises sur les idées exposées dans ce travail publié dans la collection dont elle assume la direction. Je remercie également Édouard Lemoalle pour la révision linguistique du texte et pour avoir formulé les observations pertinentes que sa familiarité avec la matière lui a suggérées.

São Paulo, janvier 2010,

L'auteur

Sommaire

Introduction

Le pouvoir économique dans l'histoire des idées

Il ne semble pas possible d'étudier les monopoles et leur influence sur la structure du système capitaliste, en particulier sur les économies de pays en voie de développement et de pays sous-développés, sans avoir une perspective un peu plus large concernant l'influence du pouvoir dans les sciences sociales. Cette perspective plus large est capable, notamment, d'influencer l'approche et la méthode utilisées dans l'analyse du pouvoir monopolistique. Elle rendra également compte, de manière particulièrement forte, de l'importance du thème. En outre, le sens des idées et de leur conviction est un facteur très important pour la compréhension de l'incorporation et la diffusion de certains types de structures dans les systèmes sociaux et économiques de chaque pays ou région.

Ainsi, il est possible de présenter l'évolution de la réflexion en sciences sociales sur le pouvoir comme une tendance vers l'acceptation. Une description brève des conceptions récentes en philosophie, en économie et en droit démontre sans aucun doute une convergence dans le sens de l'acceptation du pouvoir comme une donnée de la réalité, avec laquelle il est possible de coexister, mais qui ne peut pas être combattue ou éliminée.

Cette position est explicite dans des travaux sur le pouvoir ou peut-être même tacite lorsque les auteurs méconnaissent sa réalité. Pour illustrer le premier groupe, il suffit de mentionner deux œuvres de penseurs importants de l'actualité, qui ont abordé le thème du pouvoir. Il s'agit respectivement des œuvres *Macht und Gewalt* (Pouvoir et Violence) de Hannah Arendt et *Macht* (Pouvoir) de Nikklas Luhmann. Il est vrai que ces deux œuvres adoptent une conception bien générique du pouvoir, comme toute forme de coercition individuelle. Mais il est aussi vrai qu'elles arrivent toutes les deux à des conclusions qui, aux yeux d'un observateur profane, sont pour le moins surprenantes.

Selon Hannah Arendt, pouvoir et violence sont des concepts antagoniques[1]. La violence apparaît quand disparaît le pouvoir. Certes, l'auteur a en tête le pouvoir politique démocratique, qui dépend d'un grand consensus. Malgré cela, sa conclusion est suffisamment bienveillante et même élogieuse à l'égard du pouvoir. Comme elle révèle l'existence de l'antagonisme entre pouvoir et violence, elle cherche les origines de la violence. Elle les trouve alors dans la bureaucratisation du pouvoir étatique. La violence contre le système provient du fait qu'on ne peut pas identifier, dans l'État bureaucratique, le responsable des problèmes. C'est pourquoi on recourt à l'usage de la violence.

Cette analyse, sans doute influencée par les problèmes spécifiques des pays industrialisés au moment où elle a été écrite (en particulier la violence des mouvements de protestation étudiante, à laquelle elle fait référence à plusieurs reprises), laisse de côté toute une série de préoccupations concernant les organisations en général. Il s'agit des relations de pouvoir à l'intérieur des organisations, y compris les organisations démocratiques comme l'État contemporain, qui font que les groupes économiques les plus puissants utilisent l'organisation dans leur propre intérêt[2].

Le travail de Luhmann part de présupposés différents, mais arrive à des conclusions semblables à celles de H. Arendt. Selon Luhmann, le pouvoir est constitutif de la société, il est un moyen important de communication, en déterminant les comportements. Ainsi, s'il voit également une distinction entre pouvoir et violence (ou usurpation), la liaison entre ces deux concepts concernerait seulement les sociétés primitives non dotées de différentes formes de communication sociale[3]. Il reconnaît la nécessité de limiter le pouvoir, mais seulement dans la sphère civile de la société (arrivant ainsi au même problème identifié dans la pensée de H. Arendt). Néanmoins, il finit par conclure qu'il faut un pouvoir, car il est nécessaire dans les organisations (instruments qui, à l'intérieur de sa théorie des sous-systèmes, sont la meilleure forme de contrôle du pouvoir dans la société civile). C'est uniquement à travers l'exercice du pouvoir que peuvent se produire les gains technologiques provenant de sa capacité d'innovation, qui n'existe pas en matière de communication sociale[4].

---

1. « Macht und Gewalt sind Gegensätze : wo die eine absolut herrscht, ist die andere nicht vorhanden » (H. Arendt, *Macht und Gewalt*, München, Zürich, Pipen, 15e éd., 2003).

2. Cette relation est particulièrement bien décrite par B. de Jouvenel, *Du pouvoir : histoire naturelle de sa croissance*, Genève, Constant Bourquin, 1947, pp. 140 et ss., qui soutient au contraire que l'histoire démontre que tout pouvoir entraîne la formation d'élites qui agissent dans leur propre intérêt. Il suffit que les objectifs sociaux et démocratiques ne soient plus poursuivis communément et en permanence par tous et que cette poursuite soit attribuée à un groupe défini, auquel la société n'a accès qu'à des moments précis, pour que l'élite se constitue et qu'elle acquière un intérêt propre. Cette théorie est à l'opposé de celle développée par H. Arendt ; en effet, il s'agit d'un raisonnement pessimiste sur toute forme de démocratie non directe, mais qui a un fondement factuel et préconise des limites structurelles, à l'intérieur des organisations, à l'exercice du pouvoir par ces élites dans leur propre intérêt.

3. Cf. N. Luhmann, *Macht*, Stuttgart, Lucius & Lucius, 3e éd., 2003, p. 31. L'idée de pluralité des formes de communication comme instrument de contrôle du pouvoir est assez intéressante. Elle se fonde sur l'idée habermasienne de communication sociale (cf. *infra* section1 §3). L'auteur arrivera pourtant à des conclusions assez différentes de celles de Habermas en raison de son admiration envers le pouvoir et la technologie.

4. Cf. N. Luhmann, *Macht*, *op. cit.*, p. 114. L'auteur cherche à s'opposer expressément à la thèse de Habermas.

La dernière justification du pouvoir semble *a priori* être ici aussi (ainsi que dans l'œuvre d'Arendt) presque une pétition de principe, un acte d'admiration respectueuse envers le pouvoir. Mais, la justification de l'acceptation du pouvoir économique n'est pas aussi simple et on ne pourrait croire qu'elle le soit dans les œuvres de ces éminents penseurs. En fait, cette position dominante moderne est influencée par plusieurs siècles d'histoire de sciences sociales.

Section 1

Le pouvoir économique dans la pensée philosophique

§1. Les philosophes unitaires : Kant et Hegel

Le conflit entre l'idéal et la réalité est peut-être l'aspect le plus marquant de la philosophie moderne. Ce conflit est particulièrement intéressant pour l'analyse des phénomènes de pouvoir.

C'est ce que l'on relève dans les deux grands pôles de la philosophie moderne unitaire. Le monde idéal, celui de la connaissance *a priori* de Kant, ouvre les portes pour le positivisme scientifique et pour le scientisme du monde moderne.

Dans la philosophie kantienne, sont particulièrement utiles pour l'étude de cette vision technoscientifique portant sur les phénomènes sociaux et le pouvoir, les concepts synthétiques *a priori*, c'est-à-dire les concepts qui, bien que n'étant pas purement analytiques (déductibles à partir de la logique) et qui par conséquent exigent une analyse et une constatation dans la pratique, peuvent être définis *a priori*, avant même la réalité qui leur appartient d'interpréter[5]. Cette idée kantienne est sans aucun doute le fondement philosophique ultime de toute la construction théorique classique et néoclassique[6], et, par conséquent, d'une bonne partie de la pensée économique actuelle, favorable au pouvoir économique. En effet, seul un concept *a priori*, défini purement dans le monde des idées et qui puisse être comparé (mais non confronté) à la réalité (comme le concept synthétique *a priori*) est capable, par exemple, de justifier le marginalisme en microéconomie, même si ses prémisses ne sont pas réalisables en pratique. C'est ce marginalisme qui se trouve derrière le néoclassicisme et derrière sa position favorable à l'égard du pouvoir économique.

Selon Hegel, en revanche, la réalité semble auto-explicative et suffisante. Hegel cherche à faire de cette réalité quelque chose d'idéal et d'idéalisé, qui se conforme

5. Sur l'idée de concept synthétique *a priori*, I. Kant, *Kritik der reinen Vernunft*, Hamburg, Felix Meiner, 1956, pp. 48 et ss (trad. fr. : *Critique de la raison pure*, GF Flammarion, 2001).

6. Une clarification terminologique est nécessaire. Le terme « néoclassique » en économie revêt plusieurs significations, désignant aussi bien des idées interventionnistes (dans la macroéconomie keynésienne) que des écoles libérales. Le droit antitrust associe l'école néoclassique microéconomique aux ultralibéraux théoriques de l'École de Chicago. C'est dans ce sens que l'on utilisera le terme dorénavant.

à sa règle dialectique universelle[7], qui a comme principe l'opposition des parties au tout. Hegel identifie ce tout, qui tend à prévaloir, à l'État, qui détient le pouvoir. Bien qu'il ne se réfère pas au pouvoir privé, Hegel fait une véritable apologie du pouvoir (étatique) comme une force organisatrice de la société.

Il est ici important d'observer que, dans ces idées classiques de la philosophie moderne, le pouvoir (économique), bien que présent, n'est pas une réalité nécessaire. En effet, dans la philosophie unitaire, qui cherche à reconstruire le monde en tant qu'unité globale, il n'y a pas de place pour la distinction entre « être » et « devoir être ». Contrairement à ce qui se passe dans les autres sciences, la perte de cette unité en philosophie aurait des conséquences assez négatives. Dans une science où l'on recherche la justification finale des phénomènes, il est nécessaire d'avoir un certain contrôle éthique des visions du monde. Les fondements ultimes ne peuvent s'expliquer sans leur finalité. Par exemple, des questions métaphysiques telles que « pourquoi existons-nous » ne peuvent pas trouver de réponse sans une vision de la cause qui, outre la cause ultime, inclut aussi la cause finale. Il est impossible de comprendre pourquoi nous existons sans avoir conscience de pour quoi nous existons.

Ces observations assez intuitives suggèrent que l'éthique et l'analyse de la réalité ne doivent pas être séparées, au moins en philosophie. C'est précisément cette caractéristique qui fait la grandeur de systèmes globaux comme ceux de Kant et de Hegel et qui est critiquée par les auteurs utilitaristes et pragmatiques d'une part, par les philosophes du pouvoir, d'autre part. L'influence de ces critiques et de leurs idées provoquera le déclin du mouvement philosophique contemporain.

§2. La philosophie moderne : la division entre éthique et analyse de la réalité

Depuis la disparition de Hegel, le dernier des grands philosophes unitaires disposé à présenter des explications unitaires de la réalité, les mouvements philosophiques distinguent l'être du devoir-être. Les écoles philosophiques deviennent importantes en tant que théories éthiques ou comme des modèles d'explication de la réalité.

C'est ainsi que les écoles éthiques (du « devoir-être ») commencent à se caractériser par un individualisme méthodologique absolu et que la philosophie préoccupée par l'explication de phénomènes ontologiques (de l'« être ») est influencée par le techno-scientisme typique des sciences naturelles.

Du côté de l'éthique, l'individualisme méthodologique a ses origines dans la pensée utilitariste classique (Locke, Bentham). Pour ces auteurs, le paradigme du désir individuel étant fondamental pour l'explication des actions de l'être humain,

7. La meilleure explication de la dialectique hégélienne se trouve peut-être dans son ouvrage complexe *Phänomenologie des Geistes*, Suhrkamp Verlag, Frankfurt, 1970, pp. 575 et ss. (trad. fr. : *Phénoménologie de l'esprit*, Folio Gallimard, 2002), lorsqu'il étudie le « *absolute Wissen* ».

l'individu doit orienter ses actions dans ce sens. Ainsi, des théories (économiques) qui déterminent le devoir être (droit) commencent à se justifier à partir de principes (économiques) relatifs au bien-être.

Par ailleurs, les théories qui placent l'individu et le pouvoir de sa volonté au centre de la réflexion sur le devoir-être deviennent importantes pour l'éthique. Il en est ainsi pour Nietzsche, pour qui les principes éthiques dérivent du comportement de son surhomme. Cette éthique individualiste, qui glorifie l'individu et sa volonté, est seulement une étape supplémentaire (éthiquement assez extrême) vers un individualisme méthodologique[8]. Le terrain est ainsi préparé non seulement pour le pouvoir économique, mais aussi et surtout pour le pouvoir politique totalitaire.

Du point de vue ontologique, l'évolution n'est pas moins inquiétante. L'analyse de l'être est, dans la philosophie contemporaine, principalement fondée sur des études technoscientifiques. Il en est ainsi dans la théorie analytique de Wittgenstein, qui met au centre de la recherche philosophique l'analyse des formes d'expression tant à travers la logique déductive[9] que de la théorie du langage, ou dans la philosophie de l'analyse logique[10]. Dans ces deux théories, la présence de la logique et de critères logiques d'analyse du langage donne le ton de la recherche. L'étude des « pourquoi » ultimes et la perspective d'une analyse critique de la réalité, pour laquelle la conjugaison entre cause ultime et cause finale ou entre être et valeur sont fondamentales, deviennent des problématiques de second plan.

§3. Perspective critique

À l'intérieur de cette perspective philosophique assez sombre, un courant de pensée critique mérite d'être mis en évidence. L'intérêt réside dans le fait que cette position est influencée depuis le début par la pensée philosophique critique, notamment par la thèse dialectique de Hegel. Opérant une analyse globale de la réalité, cet auteur met en évidence la critique et le déterminisme.

Ces deux concepts sont utilisés dans l'analyse marxiste. La critique ré-humanisatrice, surtout dans les travaux initiaux de Marx (le dénommé « jeune Marx »), et le déterminisme, sous son aspect économique et social, consacré dans les travaux postérieurs de Marx (surtout dans *Le Capital*).

---

8. Le célèbre nihilisme de Nietzsche, qui nie toute morale et éthique religieuse, désigne une reconstruction morale individuelle, fondée sur le désir de pouvoir (F. Nietzsche, *Jenseits von Gut und Böse*, Berlin, New York, de Gruyter, 3e éd., 1993, de pp. 339 et ss., (trad. fr. : *Par delà le bien et le mal*, Gallimard, 1987). Bien que, dans de nombreux passages de son œuvre, ce désir se traduise par de simples habitudes de la vie courante, il n'est pas véritablement axé sur l'humain, au moins pas sur le plan social, dans la mesure où il ne se prononce pas sur les formes de cohabitation humaine possibles.

9. Cf. L. Wittgenstein, *Tratactus Logico-Philosophicus*, London, Routledge, 2002, préface et commentaires de B. Russell (trad. fr. Tel Gallimard, 2001).

10. C'est la qualification donnée par B. Russell considéré comme un des partisans de ce mouvement, dans *History of Western Philosophy*, London, Routledge, 2002 (trad. fr. : *Histoire de la philosophie occidentale*, Gallimard, 2002).

Ce dernier peut être critiqué et l'est surtout de nos jours par son déterminisme et son scientisme. Le concept de marche inexorable de l'histoire semble déshumaniser les relations politiques et sociales, en donnant au pouvoir (économique et politique) et à sa possession une portée aussi grande que celle attribuée par ses rivaux de la philosophie moderne.

Plus riche et plus étudiée durant ce siècle, a été la perspective de la critique sociale offerte par la dialectique et par les études initiales de Marx. Une grande partie de la construction néo-marxiste autour de l'École de Francfort travaille sur cette révision[11].

Cette vision critique des fondements philosophiques et sociologiques du comportement humain présente deux positions assez intéressantes et riches en contenu. La première a été suivie par Max Horkheimer et plus tard par son disciple, Habermas, qui l'a approfondie et développée. Horkheimer reprend de la dialectique surtout la perspective critique concernant les sciences sociales positivistes. Selon cet auteur, l'étude interdisciplinaire et critique est fondamentale. C'est de là que provient son insistance pour créer un institut interdisciplinaire[12], autour duquel viendraient se réunir les principaux philosophes et les sociologues qui formeraient le courant de pensée ultérieurement dénommé « École de Francfort ». Pour Horkheimer, le véritable discours dialectique ne pourrait être atteint qu'à travers l'interdisciplinarité.

La seconde position est celle de Theodor Adorno, qui se sert de la dialectique pour critiquer les relations sociales bourgeoises, déshumanisantes, dans la lignée des études du « jeune Marx ». Adorno s'intéresse aux microsystèmes, à la vie quotidienne de la classe ouvrière et à sa richesse — comparée à la décadence du quotidien bourgeois.

Jürgen Habermas, principal disciple de Horkheimer, élargit ses réflexions à partir de l'idée de l'interdisciplinarité. En premier lieu, il y a lieu de rappeler que pour Habermas, contrairement à Kant, les conditions transcendantes de la relation de l'homme avec le monde sont nées dans des conditions empiriques. Elles sont fondées sur l'histoire naturelle de l'espèce humaine qui défendait son existence en travaillant, en communiquant et en subissant des relations de domination. Selon Habermas, les hommes se seraient élevés au-dessus de la nature en devenant des êtres dotés de la parole. Avec la prise de parole, c'est l'intention d'un consensus général et sans coercition qui s'exprime sans ambiguïté. L'auteur introduit là l'idée de l'existence humaine fondée sur la conversation et la solidarité, réunissant tous les connaisseurs d'une même langue[13].

Dans un premier temps, cette théorie acquiert un caractère assez réformiste. Jointe à l'idée de microsystèmes d'Adorno, elle préconise une véritable révolution

11. Pour une analyse historique intéressante de cette école et du travail de ses principaux représentants, cf. R. Wiggerhaus, *Die Frankfurter Schule*, München, Deutscher Taschenbuch Verlag, 6ᵉ éd., 2001 (trad. fr. : *L'École de Francfort*, PUF, 1993).

12. Il s'agit de l'*Institut für Sozialforschung*, de l'Université de Francfort, fondée par Felix Weil et dirigée par Horkheimer à partir d'octobre 1930 (R. Wiggerhaus, *Die Frankfurter Schule*, *op. cit.*, p. 49).

13. Cf. J. Habermas, *Theorie des kommunikativen Handelns — Band I : Handlungsrationalität und gesellschaftliche Rationalisierung*, Suhrkamp, 1999, pp. 369 et ss. (trad. fr. : *Théorie de l'agir communicationnel, t. 1 Rationalité de l'agir et rationalité de la société*, Fayard, 2001).

des relations sociales à travers les paramètres coopératifs des relations des classes prolétariennes. Dans des travaux plus récents (surtout *Théorie et Pratique*), il défend des formes d'institutionnalisation de la communication sociale, ouvrant les portes pour la construction de la communication sociale dans des modèles plus conformes au système[14].

Ce revirement de position n'empêche pas de trouver, chez Habermas, des idées (ce qui est rare de nos jours) très utiles pour une construction philosophique critique des relations sociales et des relations de pouvoir. Riche est en particulier l'idée de coopération entre les individus à travers la communication. En outre, Habermas identifie dans l'action communicative une forme de construction de la connaissance et non nécessairement une forme d'action. Cela, comme nous le verrons, justifie des formes de structuration sociale et juridique qui permettent désormais l'acquisition de la connaissance et donnent une liberté d'action. Ces formes sont constituées, nous le verrons, par des règles procédurales — économiques, exigeant une position ferme et une lutte structurelle contre le pouvoir économique. C'est précisément à partir d'une réfutation dialectique de ces théories ou de ces réalités préétablies, y compris et surtout des situations de pouvoir, qu'il est possible d'affirmer que subsiste dans l'École de Francfort une position critique, qui laisse entrevoir une lueur d'espoir dans le triste tableau de la philosophie scientifique contemporaine.

Section 2

Le pouvoir économique dans la pensée économique

§1. La marche du pragmatisme

C'est dans l'histoire des idées économiques que l'on peut identifier l'évolution la plus claire et la plus linéaire dans le sens de l'acceptation et même de la valorisation du pouvoir économique. À l'inverse de la philosophie, caractérisée par des revirements de positions typiques du caractère spéculatif du raisonnement philosophique, l'économie a un développement davantage linéaire, qui débouche sur un pragmatisme important. Le scientisme apparent qui l'entoure depuis les libéraux classiques et qui est exacerbé avec la méthodologie mathématique introduite par la microéconomie marginaliste a pour conséquence que l'évolution des idées économiques est linéaire et jusqu'à un certain point prévisible.

Le point de départ de l'étude économique moderne est sans aucun doute le travail des libéraux classiques Adam Smith, Jeremy Bentham et John Stuart Mill[15]. Il

14. Cf. J. Habermas, *Theory and practice*, Boston, Beacon Press, 1973, p. 27 (trad. fr. : *Théorie et pratique*, Payot, 2006).

15. Il convient de mentionner les trois auteurs dans la mesure où l'utilitarisme des deux derniers a contribué à donner un fondement philosophique au libéralisme du premier. Parmi les questions importantes qui n'ont pas

est important de souligner non seulement les défauts reconnus, mais aussi les qualités de la pensée libérale. L'idéologie fortement libérale qui fondait cette théorie amenait leurs auteurs à déconsidérer complètement toute faille éventuelle dans le fonctionnement du marché. Bien que Smith et Mill fassent une référence expresse aux insuffisances et/ou même aux différences d'information des divers participants du marché, ils ne considèrent pas que cela constitue des problèmes capables d'affecter sensiblement le modèle[16].

Il y a néanmoins dans l'économie classique, notamment chez Adam Smith, quelque chose de positif qui disparaitra totallement dans les développements postérieurs de la théorie économique. Il n'y a chez les classiques aucune préoccupation à définir les résultats du processus économique. Il n'y a pas de tentative de formulation de modèles d'équilibre puisqu'à l'époque, il manquait l'instrument pour le faire. La parabole de la main invisible elle-même démontre qu'il n'y a aucune prétention à prévoir les résultats du processus économique[17]. Le problème est, évidemment, qu'il n'y a pas non plus de grandes préoccupations quant aux instruments de fonctionnement du marché, du fait de la croyance selon laquelle il peut se réguler tout seul.

Les mouvements qui suivent le libéralisme classique sont tous fortement déterministes, cherchant à entrevoir les résultats du processus économique ou de l'histoire. Il s'agit ici respectivement du néoclassicisme et du marxisme économique.

Le terme néoclassicisme est encore aujourd'hui une expression assez équivoque en économie. Il a été adopté à diverses périodes, par diverses tendances. Même Keynes et les keynésiens ont été nommés et se sont dénommés eux-mêmes néoclassiques l'époque où ils ont proposé une nouvelle interprétation (assez modificatrice) du classicisme. La signification du mot a aujourd'hui changé. Il est aujourd'hui reconnu que le néoclassicisme est le nom donné au mouvement qui a

été résolues par Smith, figure celle de savoir comment justifier les inégalités sociales créées par la solution libérale. Bentham a proposé une solution utilitaire, rigoureusement défendue par Mill. Si, comme les utilitaires le défendent, le bonheur provient de la satisfaction des nécessités individuelles, c'est-à-dire de l'augmentation de la consommation, alors l'augmentation de la richesse nationale se justifie en tant que politique publique malgré les inégalités qu'elle engendre. La règle générale est alors d'offrir du bonheur au maximum de personnes possible grâce à la production et à la consommation. Les injustices produites pourront ainsi être acceptées. Voici la logique, bien qu'elle soit socialement inadaptée, de la solution libérale utilitaire (J. Kenneth Galbraith, *A history of economics — the past as the present*, London, Penguin Books, 1991, p. 118).

16. Cf. J. Stiglitz, « The contributions of the economics of information to twentieth century economics », *Quarterly Journal of Economics* 115, 4 (2000), pp. 1441 et ss.

17. Cette caractéristique apparaît très clairement avec l'absence d'analyse de la formation des prix mise en évidence dans l'ouvrage *Richesse des Nations*. Celle-ci est responsable de la création de la différence artificielle entre *value in use* (valeur d'usage) et *value in exchange* (valeur d'échange), essentielle pour expliquer la valeur réduite des biens fondamentaux comme l'eau. Cette faible technicité en matière de prix, révélatrice de son instrumentalisme (bien qu'embryonnaire et insuffisante dans la mesure où elle est libérale), s'est maintenue assez longtemps, et a été suivie par ses partisans les plus proches, notamment David Ricardo, qui définissent les prix à partir des coûts de production. Cette explication artificielle sera « corrigée » seulement par les marginaux W. Stanley Jenvons et Karl Menger, qui ont consacré la valeur de l'utilité marginale qui se substitue à l'utilité générale. L'utilité marginale définirait les prix du produit puisqu'elle représente la valeur du dernier produit qui peut être vendu. Convertie en théorie générale de la détermination de l'offre et de la demande, elle a permis l'élaboration postérieure des modèles d'équilibre qui encore aujourd'hui sont à la base de la théorie économique néoclassique (J. Kenneth Galbraith, *A history of economics — the past as the present*, *op. cit.*, pp. 107 et ss.).

son origine dans le marginalisme microéconomique et qui a dominé la microéconomie et la macroéconomie avec l'École de Chicago. Son idée centrale est assez simple. Il existe, tant dans les relations microéconomiques que pour les variables macroéconomiques, des points d'équilibre vers lesquels ces relations doivent nécessairement converger.

Le fondement de la thèse néoclassique se trouve alors dans la formulation de modèles d'équilibre et dans la prévision de résultats futurs. C'est ainsi que se justifie le déterminisme énoncé ci-dessus. Dans cette perspective, il n'est pas difficile de comprendre la position concernant le pouvoir économique. La définition d'une situation d'équilibre pour l'agent monopoliste étant possible, il suffit alors de comparer cette situation d'équilibre avec celle de la concurrence parfaite. Lorsqu'il est possible de dire que la première situation produit une plus grande (ou égale) valeur globale que la dernière, il est possible de la justifier. Ainsi, lorsque l'École de Chicago revalorise le rôle des efficacités productives réalisées par les monopoles, en leur opposant de petites inefficacités d'allocation (et selon les théoriciens, difficilement mesurables) produites par eux-mêmes, la voie est ouverte pour une véritable « sacralisation » du pouvoir économique. C'est ce qui se produit dans la doctrine et auprès des tribunaux américains à partir de la fin des années 1970[18], puis un peu partout dans le monde, y compris au Brésil malheureusement.

Il n'est même pas nécessaire d'affirmer le déterminisme de l'autre grand courant économique du XXe siècle, le marxisme. Le déterminisme historique est sans doute un de ses plus grands points faibles. En effet, aujourd'hui, les œuvres économiques de Marx ne sont pas considérées comme ses travaux les plus importants, tandis que les travaux philosophiques du jeune Marx sur la nature humaine le sont bien plus.

De ce déterminisme historique découle une position plus bienveillante de Marx et de la majorité des marxistes orthodoxes sur le pouvoir économique. Précisément, parce qu'ils comprennent le capitalisme monopoliste comme étant le dernier stade avant la Révolution prolétarienne à venir, ils considèrent inutile, inefficace, et même contre-productif le combat contre le pouvoir économique. Cette conception, seule logiquement compatible avec une conception révolutionnaire, a pour résultat des positions incohérentes entre les partisans du socialisme démocratique, qui sont contre la solution révolutionnaire. Dans certains cas, la bienveillance à l'égard du pouvoir économique a eu pour conséquence des résultats sociaux et économiques désastreux, avec la destruction de la propre idéologie sociale qu'ils ont élaborée. Un bon exemple est sans doute celui de la République de Weimar[19].

Ces problèmes ont une explication. Aujourd'hui, on sait, y compris du point de vue empirique, qu'il existe une relation directe entre concentration du pouvoir

---

18. Le point le plus extrême de ce processus se trouve dans l'œuvre de R. Bork, *The antitrust paradox*, New York, The Free Press, 1978.

19. Cf. P. Gay, *A cultura de Weimar*, Rio de Janeiro, Paz e Terra 1978, p. 33 (*Weimar Culture*, 1968), qui considère que les principales causes de la chute de la République de Weimar et de l'ascension du nazisme résident dans la tolérance qui a simultanément existé envers le pouvoir économique et le militarisme.

économique et mauvaise distribution des revenus[20]. Il est donc impossible de construire des sociétés économiquement développées et justes socialement sans un combat structuré contre le pouvoir économique[21].

§2. La synthèse schumpetérienne

Les déterminismes marxiste et néoclassique ont comme représentant Joseph Schumpeter. Dans son livre classique *Capitalisme, Socialisme et Démocratie*, Joseph Schumpeter réunit l'idée marxiste du déterminisme historique avec l'idée néoclassique du déterminisme de marché. Le résultat est que le nouveau déterminant du développement capitaliste devient le développement technologique[22].

---

20. Cette relation a fait l'objet de nombreuses études convaincantes dans les années 1970. L'étude la plus importante et la plus citée est celle de W. Comanor et R. Smiley, « Monopoly and the distribution of wealth », *The Quarterly Journal of Economics* 89, 2 (1975), pp. 177 et ss. Les auteurs font une comparaison entre la situation en vigueur (à l'époque) aux États-Unis et celle qui existerait en l'absence de monopole. En admettant que le profit monopoliste correspondait à l'époque à 3 % du PIB américain (cette conclusion a été faite par F. Scherer dans *Industriel market structure and economic performance*, Chicago, Rand Mc Nally, 1970, p. 409), les conséquences sur la distribution des revenus sont remarquables. En 1962, les foyers disposant de plus d'un demi-million de dollars représentaient 0,27 % du total. Ceux-ci représentaient 18,5 % de la richesse totale. En l'absence de monopole et dans les conditions du modèle présenté, le pourcentage de la richesse totale détenue par ce groupe diminuerait de 3 à 10 % du total. Dans les catégories intermédiaires (plus de U$100 000, 00), qui correspondaient à 2,4 % du total des foyers, la différence était encore plus importante. On passerait d'une concentration de 40 % de la richesse totale à quelque chose entre 16,6 et 27,5 % du total. À l'inverse, dans les catégories inférieures de la population, représentant 28,25 % du total d'unités, la richesse totale cesserait d'être inférieure à zéro pour varier entre 1 et 2 % (selon le modèle présenté par les auteurs, la variation du pourcentage dépend de l'espérance de vie présumée du monopole). Ce qui est également intéressant dans cette étude, c'est la référence à des données empiriques qui indiquent que la concentration des richesses est devenue moins inégalitaire aux États-Unis entre 1890 et 1963, lors de la période de l'application plus stricte de la législation anti-monopole. Dans la même lignée, d'autres travaux intéressants sont apparus (I. Powell, « The effect of reduction in concentration in income distribution », *The Review of Economics and Statistics*, 69 1 [1987]). Toutefois, à partir du milieu des années 1980, avec la montée des idées néoclassiques, ces études sont devenues plus rares. En tout état de cause, il est possible, à partir de ces données issues d'une économie ayant une structure actionnariale plus déconcentrée que celle du Brésil (au moins en ce qui concerne la dilution actionnaire dans les sociétés anonymes), de conclure que dans la réalité brésilienne les effets sur la concentration de revenu des monopoles sont plus négatifs.

21. En effet, les expériences réussies de développement et de distribution des revenus passent un moment ou un autre par des politiques de lutte contre le pouvoir économique. C'est ce qui se produit aux États-Unis. Les chiffres mentionnés dans la note précédente indiquent quels ont été les effets sur la société américaine de la période d'application stricte du *Sherman Act* comme instrument de lutte contre le pouvoir économique (1890-1970). Dès lors, avec la montée de l'idéologie néoclassique, les résultats s'aggravent. Il en est de même pour le développement de l'Union européenne dans l'après-guerre. L'introduction du marché commun sur le fondement d'une politique concurrentielle active (lutte contre le pouvoir économique) a eu des effets importants sur le développement des économies européennes. En définitive, même dans les NIC's (*newly industrializing countries*) l'explication néoclassique du développement n'est plus acceptée.

Aujourd'hui, il est certain que les politiques publiques d'aide aux entreprises exportatrices, avec l'apparition de la concurrence internationale et de la protection de l'industrie nationale naissante contre la concurrence étrangère prédatrice — c'est-à-dire la création d'un environnement interne véritablement concurrentiel — ont été les éléments fondamentaux pour le développement industriel (J. Brohman, « Postwar Development in the Asian NICs : Does the Neoliberal Model Fit Reality? », *Economic Geography*, 72 2 [1996]).

22. En réalité, Schumpeter admire l'explication marxiste de l'histoire du capitalisme (J. Schumpeter, « The Communist Manifest in Sociology and Economics », *Journal of political economy*, n° 57, 3 [1949], pp. 199 et ss.).

Il ne s'agit pas ici d'analyser et de critiquer en profondeur la thèse schumpetérienne. Il convient seulement de souligner que cette conclusion fait que le pouvoir économique gagne en importance[23]. S'accentue la conviction sur l'importance des monopoles pour les innovations technologiques[24]. Tout est centré autour de l'idée d'un processus économique qui a son moteur du côté de l'offre, nécessitant des entrepreneurs forts et capables de le développer. Pour le développement de l'offre, toute la technologie est bienvenue, y compris celle capable de déplacer des quantités massives de main-d'œuvre. De l'autre côté, le consommateur ou l'individu (parfois exclu du processus économique) apparaît de plus en plus comme un être passif et insignifiant. Ce n'est pas un hasard si la conséquence de cette vision, de plus en plus diffusée (autour de ce qui est aujourd'hui appelé l'économie évolutionniste), est la création de goûts chez le consommateur qui ne correspondent pas nécessairement à leurs préférences. Le résultat final est la structuration de la société autour de deux groupes bien distincts : les consommateurs et les exclus.

Toutefois, il reconnaît dans la seconde partie de son œuvre (comme le font les néoclassiques) que les forces du marché sont un élément important d'impulsion du progrès technologique, qui pour lui est une variable endogène définie à l'intérieur du système (J. Schumpeter, *Capitalism, socialism and democracy*, New York, Harper Perennial, 1976, pp. 92 et ss., trad. fr. : *Capitalisme, socialisme et démocratie,* Payot, 1990). Cf. *infra,* note de bas de page n° 23. Cf. également, N. Rosenberg, *Schumpeter and the endogeneity of technology*, London, Routledge, 2000. C'est pourquoi il y a lieu de considérer que la technologie, synthèse et produit en même temps de l'histoire (Marx) et du marché (néoclassiques), est l'élément d'impulsion du développement économique.

23. Il existe un malentendu concernant l'œuvre de Schumpeter dans la mesure où la théorie schumpéterienne n'est considérée que comme une explication dynamique du développement, qui prétend décrire les conséquences des changements technologiques sur le processus capitaliste. C'est précisément l'objectif de la première phase du travail de Schumpeter, effectuée en Allemagne, au cours de laquelle il a rédigé son ouvrage capital *Theorie der wirtschaftlichen Entwicklung* (trad. fr. : *Théorie de l'évolution économique*, Dalloz-Sirey, 1999). Dans la seconde partie de sa vie, Schumpeter fait de la technologie une variable endogène. En réfléchissant à l'élaboration d'une théorie économique et fortement influencé par son nouvel environnement académique de Chicago, il laisse de côté l'explication historique de l'économie et cherche à identifier les forces économiques qui permettent la « destruction créatrice » et le développement économique. Il les trouve dans le monopole, qu'il prône dans son œuvre *Capitalism, socialism and democracy, op. cit.*, p. 87. Cette partie de son œuvre est la plus difficile à défendre, puisqu'en effet, ses arguments en faveur du monopole semblent aujourd'hui assez puérils. En tout état de cause, il faut reconnaître qu'elle a été acceptée par de nombreux néoclassiques de Chicago qui l'utilisent encore pour justifier les structures de pouvoir économique (sur la défense schumpéterienne de la réorganisation productive grâce au monopole, cf. pp. 100 et ss. Cette thèse sert de justification pour les théories postérieures de l'École de Chicago relatives à l'*efficiency*).

24. Des études plus récentes démontrent qu'il n'existe pas de relation positive entre monopole et innovation technologique. Les résultats des études économétriques sont assez incertains, ne reconnaissant aucune tendance en faveur du monopole au détriment de la concurrence (P. Dasgupta et J. Stiglitz, « Industriel Structure and the nature of innovative activity », *The economic journal*, n° 90 [1980], pp. 266 et ss., notamment les conclusions pp. 287 et ss.). Du point de vue logique, Stiglitz a annoncé que dans la mesure où le développement technologique est un processus, les monopoleurs ont tendance à lancer et à poursuivre le développement d'une nouvelle technologie jusqu'à ce que les concurrents laissent le marché ou abandonnent leur entrée sur le marché. Puis, les monopoleurs vont soit cesser le développement technologique, soit le freiner (J. Stiglitz, *Whither socialism*, Massachusetts, MIT Press, 1997, p. 145). En outre, comme le démontre l'auteur, la « destruction créatrice », ou la formation successive de monopoles temporaires grâce aux nouvelles technologies, comme le prétend Schumpeter, n'existe pas dans les faits. Les monopoles tendent à se protéger et à protéger leurs investissements, ainsi que leur position sur le marché. La pratique démontre et la logique indique que l'investissement du monopole en technologie (bien qu'il ne s'agisse que d'un investissement de défense) est plus important que celui d'un éventuel nouvel entrant parce que le monopoleur détient une position de marché à protéger mais aussi parce qu'il a plus de pouvoir (p. 144). En réalité, il suffit d'étudier la question du point de vue de la technologie nécessaire pour une société donnée (et pas seulement la technologie lucrative) pour comprendre que la relation entre monopole et développement technologique et économique ne peut qu'être inversement proportionnelle.

§3. Perspectives critiques

Les idées ci-dessus exposées, néoclassiques, marxistes-dogmatiques et évolutionnistes, bien qu'idéologiquement opposées, ont un point commun très important : elles prétendent toutes théoriser la réalité économique, en établissant des modèles d'évolution du processus économique.

L'un des résultats les plus importants de la pensée économique moderne est précisément de mettre en doute la possibilité de théoriser le comportement économique. La principale raison réside dans la conviction selon laquelle la connaissance se trouve dispersée entre les individus et que par conséquent, dans chaque relation économique, les différente individus arrivent avec des parcelles différentes d'informations, souvent dissemblables et asymétriques. Cela implique que tout modèle de fonctionnement du marché qui prétend indiquer les résultats attendus ou devront être atteints sur la base d'une ample diffusion de connaissances et d'informations est nécessairement destiné à échouer.

Les modèles décrits ci-dessus ont pour fondement des études de théories économiques contemporaines, en particulier la théorie de la connaissance[25] et la dénommée « économie de l'information »[26]. Il est intéressant de remarquer que les deux modèles, lorsqu'ils sont bien compris et développés, conduisent à des idées très réformatrices à propos des structures et peu conservatrices.

Elles finissent toutes avec la même conclusion. Le raisonnement économique ne peut plus être orienté vers la recherche de résultats économiques fondés sur des modèles théoriques. Son objectif est de chercher à faire en sorte que les agents détiennent une connaissance des relations économiques, ce qui ne se produit pas avec les instruments traditionnels de marché. En outre, cela est impossible en présence du pouvoir économique, qui crée de grandes distorsions.

Les déformations découlent surtout, ainsi que le relève la doctrine susmentionnée, des asymétries d'informations et de connaissances. Ces asymétries sont plus ou moins accentuées dans divers marchés, mais — et c'est extrêmement important — elles ne découlent pas toujours des asymétries naturelles d'informations. Dans la plupart des économies, particulièrement dans les économies en développement, elles résultent de difficultés sociales d'accès à l'information et de difficultés imposées en fonction du pouvoir différent que détiennent les agents économiques dans le marché.

---

25. L'étude de F. Hayek explique très clairement ces idées, « The use of knowledge in society », *American Economic Review*, vol. XXXV, n° 4 (1945), pp. 519-530.

26. G. Akerloff, J. Stiglitz et M. Spence sont les principaux représentants de cette théorie. Le premier auteur démontre comment dans certains secteurs, l'incertitude sur la qualité peut conduire à la disparition du marché (G. Akerloff, « The market for lemons : quality uncertainty and the market mechanism », *Quarterly Journal of Economics*, vol. 89 [1970], pp. 488 e ss.). Outre la systématisation de l'économie des informations, Stiglitz a surtout démontré comment les actions émettent des signaux et transmettent ainsi des informations (J. Stiglitz, « The contributions of the economics of information to twentieth century economics », *op. cit.*, pp. 1441-1447). Le travail de Spence a porté sur le développement de la théorie des signes, c'est-à-dire les méthodes de transmission des informations entre agents, réduisant ainsi les asymétries (M. Spence, « Signaling in retrospect and the informational structure of markets », *Nobel Prize Lecture*, December 8, 2001).

Une critique importante adressée au néoclassicisme, qui est à prendre en compte pour l'étude du pouvoir économique, est le structuralisme. Son fondement et sa particularité résident dans la conviction qu'il existe des différences structurelles dans les économies sous-développées, liées au processus historique d'évolution économique internationale, qui font que leurs problèmes sont particuliers. Selon ses défenseurs, il est donc impossible d'imaginer que la même théorie économique applicable aux pays développés puisse être adaptée aux autres pays. Le sous-développement n'est pas une étape du développement, mais une structure déterminée par le processus du développement industriel du système capitaliste[27].

On peut remarquer que cette affirmation, de caractère fortement déterministe, est le reflet de l'origine économique de la théorie. Bien qu'ils soient idéologiquement éloignés des néoclassiques et plus soucieux de la réalité, les structuralistes partagent avec eux cette conviction favorable au projet de logique formelle du raisonnement économique. Cette situation explique la croyance en l'immuabilité des structures (historiquement déterminées et invariables).

Malgré les difficultés créées par ce déterminisme, la solution pour lutter contre les barrières structurelles au développement est surtout instrumentale. En effet, ses auteurs voient dans la création d'une demande interne un facteur essentiel pour le développement. Néanmoins, les structuralistes n'ont jamais compris que celle-ci (la demande interne) dépend de facteurs variables, comme la dilution du pouvoir économique, sans laquelle il est impossible de former une demande interne autonome. Il en est de même, comme le démontre l'expérience européenne, lorsque l'instrument pour lutter contre les barrières structurelles au développement est le régionalisme économique.

La fonction du raisonnement économique retrouve alors sa position instrumentale. Le contenu de cet instrumentalisme est, néanmoins, diamétralement opposé au contenu de l'instrumentalisme smithien. Il convient de reconnaître les différences d'informations et le pouvoir d'influencer sur le marché. Il est nécessaire d'intervenir et de ne pas le laisser se développer librement. Cette intervention ne doit pas être passive et ne doit pas seulement se limiter à réprimer les comportements abusifs : elle doit agir directement sur les structures concentrant le pouvoir, qui servent à communiquer et limitent l'information des agents.

---

27. Parmi les créations de la pensée du CEPAL, on distingue les œuvres de R. Prebish, « O desenvolvimento econômico na América Latina e alguns de seus problemas principais », *Cinqüenta anos de pensamento na CEPAL*, Rio de Janeiro, Record, 2000, pp. 69 ; C. Furtado « Desenvolvimento e subdesenvolvimento », *Cinqüenta anos de pensamento na CEPAL, op. cit.*, p. 239 et du même auteur le classique *Formação econômica do Brasil*, São Paulo, Companhia Editora Nacional, 1986. Derrière l'analyse historique très précise et critique et la conception des entraves structurelles du développement, Furtado développe un déterminisme qui marquera son œuvre. Convaincu de l'impossibilité de dépasser les déterminants internationaux du sous-développement, Furtado développe un certain pessimisme, attribuant, semblerait-il, une éternelle fonction périphérique aux nations ne profitant pas du système international d'échanges. L'école historique structurelle, bien qu'elle ait été négligée dans le milieu académique économique (y compris brésilien) au profit de la théorie néoclassique (et ses variations), suivant le sort de la théorie économique du développement en général, a des adeptes importants. Parmi eux, on peut mentionner deux partisans directs de Furtado : M. Conceição Tavares, *Acumulação de capital e industrialização no Brasil*, Campinas, Editora Unicamp, 1974 et J. M. Cardoso de Mello, *O capitalismo tardio*, São Paulo, Brasiliense, 1982. Ces deux derniers auteurs renforcent le rôle de l'évolution historique interne des forces de pouvoir dans le processus de développement ou de sous-développement économique.

La fonction principale du système économique est alors de garantir l'interaction des agents sur le marché selon des conditions égales, c'est-à-dire protéger ce qu'on pourrait appeler le « *due process* » économique. Précisément, à cause de sa capacité d'exclure et de créer des inégalités sociales, un des points essentiels pour la création d'un *due process* est de lutter contre les structures de pouvoir de marché.

Mais ce n'est pas uniquement pour cette raison, qui est hostile au pouvoir économique, que la dilution des centres de pouvoir doit être favorisée. L'importance de la concurrence (dilution du pouvoir économique) comme instrument de formation de la connaissance économique est reconnue et a fait l'objet de discussions[28]. Au-delà du dogme essentialiste de la connaissance, seule la comparaison peut le démontrer. On peut donc en conclure que tant par sa fonction créatrice que par sa fonction de distribution de connaissances, la lutte contre le pouvoir économique peut et doit être un des premiers éléments étudiés en ce qui concerne le *due process* économique.

Section 3

Le pouvoir économique dans la pensée juridique

De toutes les branches des sciences sociales mentionnées jusqu'à présent, le droit est celle qui soulève le plus de difficultés dans l'appréhension du pouvoir économique. En outre, les positions critiques à l'égard des conceptions dominantes sont encore très dispersées.

§1. Du rationalisme juridique au positivisme

Pour les besoins de notre étude, il est possible de distinguer deux époques et de commencer notre analyse à partir de l'ère moderne, notamment à partir de la grande rupture interne opérée en science juridique.

Cette rupture interne se produit avec le rationalisme juridique, notamment avec des œuvres de son représentant le plus important, Samuel Pufendorf.

La rupture à laquelle il est fait référence est celle produite entre la morale et le droit. Spécialement depuis Pufendorf, le fondement du droit commence à être identifié non pas dans un élément inhérent à la nature de l'homme (élément religieux ou moral) mais dans la logique, c'est-à-dire dans l'existence d'un système rationnel et auto-intégré de discipline des relations sociales.

---

28. C. Salomão Filho, « Regulação e desenvolvimento », in *Regulação e desenvolvimento*, São Paulo, Malheiros, 2002.

Ce sont précisément ces deux caractéristiques, la recherche de la rationalité scientifique et l'auto-intégration, qui caractériseront la plupart des ordres juridiques occidentaux (de droit codifié) jusqu'à aujourd'hui. Dès lors, la méthode de création et d'interprétation du droit cesse d'être une méthode historico-exégétique, pour s'intéresser plutôt à la démonstration logique[29].

Le rationalisme étant établi comme une méthode de construction et d'explication du droit et l'autosuffisance du système juridique étant affirmée, la porte est ouverte pour ce qui est appelé le « positivisme dogmatique » qui s'établira surtout en Allemagne au cours du XIXe siècle à travers le pandectisme (*Pandektistik*). La tendance à la concentration autour de projets logiques et à l'auto-intégration conduit le système à se refermer sur soi-même. La conséquence est une protection de la doctrine et du droit contre des exigences sociales et éthiques. Dans un système fermé comme le rationalisme pandectiste, la logique remplace le concept de justice, et le détermine[30]. Il en est ainsi des travaux de grands pandectistes comme Windscheid, assez formaliste bien que rigoureusement logique.

Par ailleurs, la seule différence effective entre le positivisme dogmatique et le positivisme juridique est l'existence d'un code. Il a suffi que l'Allemagne promulgue son Code civil pour que le positivisme juridique, déjà établi dans d'autres pays (principalement en France à travers l'école exégétique) domine la scène des pays de *Civil Law*. Les thèses d'auteurs comme Kelsen dominent dès lors, y compris dans les écoles brésiliennes, la théorie générale du droit. Ils représentent dans la théorie générale du droit une doctrine aussi établie que le marginalisme en microéconomie.

Il est remarquable de noter que ce positivisme ne se compose pas d'une simple exégèse formaliste de codes, il est également constitué par une doctrine prête à de grandes élucubrations logiques et rationnelles, de plus en plus éloignée des valeurs et de ses principes. C'est ainsi que le droit va se soumettre aux conceptions techniques d'autres sciences.

§2. Positivisme et pouvoir économique

La domination du positivisme a un énorme effet sur l'idée de pouvoir économique en matière juridique. C'est en effet l'auto-centrisme du positivisme allié à sa rationalité exacerbée qui permet de considérer le droit comme un instrument pour les objectifs économiques[31].

---

29. Cf. F. Wieacker, *Privatrechtsgeschichte der Neuzeit*, Göttingen, Vandenhoeck et Ruprecht, 2e éd., 1967, pp. 309 et ss.

30. *Ibid.*, p. 441.

31. L'analyse de Posner sur la théorie de Kelsen portant sur l'analyse économique du droit est intéressante. L'auteur voit dans le formalisme et le pragmatisme des idées de Kelsen un instrument puissant de reconnaissance et d'acceptation de l'analyse économique du droit (R. Posner, *Law, pragmatism and democracy*, Cambridge, Harvard University Press, 2003, pp. 265 et ss., spéc. le chap. « Kelsen, Pragmatism and Economics »). Malgré quelques interprétations erronées des idées kelséniennes, l'analyse de Posner saisit avec précision l'effet du positivisme kelsénien sur l'interprétation du droit et de sa fonction.

Dans une conception du droit positiviste hostile à une discussion sur la finalité des normes, une science qui présente des cohérences rationnelles (même si cette cohérence est seulement apparente) pourra influencer la doctrine et les praticiens du droit. Dans l'optique positiviste, la discussion « scientifique » à propos des méthodes interprétatives, qui propose une finalité pré-juridique (comme l'efficience), qui par son caractère général peut être identifiée dans toute norme et qui préserve l'auto-centrisme du juriste en l'entourant par la théorie positiviste sur les formes possibles de production législative, est très bien acceptée.

Il confère à l'économiste le pouvoir de formuler des politiques économiques et législatives et cantonne le rôle du juriste à celui de scribe, ou tout au plus d'interprète des objectifs fixés par les économistes.

Dans une telle situation, on peut comprendre la raison de la bienveillance à l'égard du pouvoir économique. En matière d'analyse économique du droit, influencé par la théorie néoclassique, le pouvoir économique doit être, dans la plupart des cas, favorisé[32].

En réalité, cette théorie ne fait que traduire l'évolution du capitalisme et des monopoles au cours des derniers siècles.

§3. Perspectives critiques

L'un des corollaires les plus importants du droit de conception positiviste et bienveillant à l'égard du pouvoir économique, est l'idée de compensation. Le droit compensatoire est une solution légale élaborée au cours du XXe siècle et très répandue pour traiter les problèmes économiques et sociaux. Il en est ainsi en matière de droit du travail, de droit de la consommation et de droits sociaux figurant dans la Constitution brésilienne.

Le problème est que les compensations, bien que très importantes pour les groupes vulnérables, ne peuvent pas modifier ou influencer le fonctionnement du système économique.

Ces compensations sont nécessaires pour les travailleurs consommateurs ou à plus forte raison encore pour les exclus du processus économique victimes de la pauvreté. Or, en fonction des intérêts importants de ces groupes, les compensations sont insuffisantes, surtout dans une réalité économique de plus en plus dominée par des structures qui concentrent beaucoup de pouvoir économique (les monopoles).

32. Pour les néoclassiques, la formation verticale du pouvoir économique n'est pas importante. Par ailleurs, la formation horizontale du pouvoir n'est pas permise lorsqu'elle ne produit aucune efficacité, car une efficacité productive suffit pour dépasser l'inefficacité allocative du monopole. Il est donc facile de constater que même horizontalement, seuls les cartels, qui par nature ne produisent pas d'efficacité, peuvent être considérés comme illicites par les néoclassiques. Pour une analyse et critique de la théorie néoclassique, cf. C. Salomão Filho, *Direito concorrencial — as estruturas,* São Paulo, Malheiros, 2007, 3e éd., p. 22 et du même auteur *Direito concorrencial — as condutas,* São Paulo, Malheiros, 1re éd., 2e imp., 2007, pp. 21 et ss.

Dans une telle réalité, les compensations mènent à deux résultats paradoxaux :

(i) les politiques publiques peuvent difficilement être mises en œuvre par le biais du droit, car les compensations sont attribuées de façon casuistique par des décisions judiciaires et ne sont pas toujours coordonnées et cohérentes ;

(ii) le droit peut difficilement corriger le système économique et social, puisque les compensations seront toujours insuffisantes pour faire face aux inégalités continuellement créées dans les diverses sphères du système économique (v. *infra* chapitre 1 pour la description historique de ce processus), fondé sur des structures de pouvoir extrêmement concentré. Les relations économiques, en l'absence de contrôles juridiques, sont régulées par le pouvoir économique. Si le droit n'intervient qu'*a minima*, en fournissant seulement des compensations aux groupes les plus défavorisés, le pouvoir devient le principal élément d'organisation des relations économiques et sociales. Le pouvoir économique impose sa rationalité : l'utilisation continue et constante du pouvoir pour obtenir une maximisation de richesse au profit d'un seul intérêt égoïste.

Il faut que le droit intervienne dans le fonctionnement des structures économiques de la société. Le développement d'une idée structuraliste en matière juridique semble alors fondamental, comme on le soulignera en conclusion de notre étude.

Chapitre 1

Monopole colonial et sous-développement

L'objectif de notre étude est d'identifier les caractéristiques essentielles des économies des pays sous-développés[1] en partant de l'analyse de leur histoire économique et de certaines structures constitutives qui s'y sont historiquement établies. L'idée est de repérer dans cette histoire économique des traits distinctifs qui démontrent le peu d'utilité des théories actuelles sur le développement économique, fondées ou non sur l'histoire économique, mais qui ont comme modèle d'analyse et d'observation les pays développés.

La problématique n'est pas nouvelle. La transplantation et surtout le modelage des processus de développement à partir de l'expérience d'économies développées ne sont pas seulement théoriquement erronés : ils manquent également de justifications empiriques. Comme le prétendent certaines démonstrations théoriques et données empiriques, l'histoire économique de ces pays présente des défis spécifiques et crée des structures particulières qui exigent une compréhension et un traitement différents.

Comme nous l'avons déjà précisé en introduction, l'expression « structure » mérite d'être bien définie. Elle n'est pas sans lien avec les célèbres travaux des structuralistes des années 1950 et 1960, notamment en Amérique latine. La liaison méthodologique existe sans aucun doute, mais elle est assez limitée, puisqu'elle

1. La notion de pays développés, sous-développés et en voie de développement est assez controversée. Il n'est pas question ici de prendre part à cette discussion dans la mesure où elle n'est pas indispensable. Ainsi, toutes les références aux pays sous-développés doivent être considérées comme des références à des pays avec un passé colonial commun, dominés par l'exploitation et monopolisés par une métropole. Ce sont les caractéristiques qui, comme on le verra, ont une influence sur l'existence des conditions sociales et de développement humain négatifs dans ces pays après le processus d'indépendance.

doit coexister avec des différences fondamentales de fond et de contenu. Il existe bien une intention d'identifier les structures, c'est-à-dire les traits formateurs et constitutifs du système économique et du fonctionnement des relations économiques qui influencent et déterminent ces relations. Cependant, il y a deux différences fondamentales, une dans la méthode, l'autre dans le contenu.

En premier lieu, il n'existe pas d'opinion selon laquelle les structures sont exogènes au système. Celles-ci, comme les autres variables influencées par elles, sont endogènes. Ces structures, historiquement déterminées, auparavant importantes pour l'organisation des systèmes économiques des pays sous-développés, se sont extrêmement enracinées et ne peuvent plus être altérées par des modifications du système productif (technologiques, forme de production, etc.), ne serait-ce que parce qu'elles sont capables de résister à celles-ci. C'est la raison pour laquelle le structuralisme ici proposé peut se dénommer « nouveau structuralisme juridique ». Les variables influencées et qui peuvent influencer les structures ne sont plus seulement les variables économiques, mais également — et peut-être principalement — les variables juridiques.

La seconde distinction réside dans le contenu. Le structuralisme ici proposé se fonde sur la problématique de la dépendance externe. Bien que la question de la dépendance puisse être à l'origine de nombreuses difficultés, c'est à partir des structures internes créées par l'héritage colonial (donc de dépendance) que doivent être identifiés les problèmes à résoudre[2].

Cette dernière observation résout un problème mais en crée un autre. En effet, ce nouveau structuralisme (juridique) est moins pessimiste que le précédent et propose des solutions. Les réformes à entreprendre sont ainsi en grande partie à la charge des sociétés sous-développées elles-mêmes. Un autre problème apparaît néanmoins, qu'il convient de différencier du nouvel institutionnalisme économique. Il existe une différence de contenu et de méthode.

---

2. Ainsi, il existe une différence importante de conception aussi bien chez les partisans de la théorie de la dépendance (F. Henrique Cardoso et E. Faletto, *Dependency and development in Latin America*, Berkeley, University of California Press, 1979) que chez les partisans de la théorie originale du structuralisme (R. Prebish, *The economic development of Latin America and its principal problems*, New York, United Nations, 1949). Selon les deux théories, les relations de commerce extérieur et les relations d'échange inégal sont la principale raison de la concentration des revenus et, en dernière analyse, du sous-développement. Ce qui explique le pessimisme des derniers lorsque la politique de substitution des produits d'importation imaginée n'a pas, d'une part, engendré le développement désiré et a, d'autre part, engendré davantage de dépendance (en fonction de l'importation de capitaux) et plus de déséquilibre externe. L'origine du sous-développement n'étant pas identifiée dans les structures internes (comme ils devraient logiquement le conclure de leurs propres analyses), ces auteurs ne pouvaient comprendre comment le développement du marché interne n'était pas la meilleure solution, mais au contraire il favorisait la dépendance dans la mesure où les structures économiques internes continuaient d'exister. Ce qui explique également le réalisme exacerbé des partisans de la théorie structuraliste classique qui considèrent que seul le lien avec les économies centrales permet le développement périphérique. Ces politiques ont été les causes du désastre néolibéral des années 1990, notamment au Brésil et en Argentine. Dans l'hypothèse ici défendue, les relations d'échange inégales sont seulement une des conséquences de l'héritage colonial monopoliste. Il s'agit donc d'une conséquence et non d'une cause du sous-développement. Tous les problèmes réels découlent de la structure économique interne, monopoliste et de la concentration des revenus, y compris les problèmes rencontrés en matière de substitution des produits d'importation. La structure industrielle monopoliste de ces pays n'a pas constitué et ne constituera pas un obstacle à la croissance, mais plutôt à la distribution des revenus.

Douglass North, idéologue et représentant le plus célèbre du néo-institutionnalisme économique, emploie également le terme de structure. Selon lui, les structures sont les caractéristiques de la société qui déterminent la croissance économique[3]. Il distingue entre elles le droit de propriété et l'État (surtout par son influence sur les droits de propriété), outre d'autres facteurs économiques et culturels comme la technologie et l'idéologie. Les institutions sont donc des règles qui ne concernent pas la répartition du pouvoir ou du revenu, mais le comportement économique des individus. Néanmoins, les structures, dans la conception ici défendue, sont précisément les formes de répartition du pouvoir et du revenu, qui constituent une société et, en dernière instance, les éléments fondamentaux de la définition de son comportement économique.

C'est la distinction de fond. La différence méthodologique, déjà exposée, réside dans le fait que les recherches sont centrées sur les expériences et les structures des pays sous-développés et non sur celles des pays développés.

Section 1

Pouvoir économique (et donc, monopole) comme déterminant structurel des économies des pays sous-développés

Une considération importante doit être mise en évidence concernant les économies des pays sous-développés. Cette considération n'est pas nouvelle, mais ses conséquences pour l'économie et pour l'ordre juridique interne des pays sous-développés ont été déconsidérées par les travaux initiaux des structuralistes et continuent de l'être encore de nos jours.

Il s'agit du fait que le pouvoir économique, à la différence des pays aujourd'hui développés, caractérise les relations économiques dans les pays sous-développés. La plupart de ses relations, voire presque la totalité, ont une histoire intimement liée à la colonisation européenne. C'est un élément très important qu'il convient de souligner. La condition de « colonisé », bien au-delà de la question de la dépendance externe, a créé des structures internes de pouvoir en matière économique qui concernent tout le processus de développement (ou de sous-développement) de ces sociétés.

C'est la raison pour laquelle il est possible de présenter le processus de développement à partir des structures de pouvoir économique créées et de la structure de répartition des revenus qui y est associée[4]. Nous considérons que ce sont là les

3. Cf. D. North, *Structure and change in economic history*, New York — London, Norton, 1981, p. 3, qui définit le terme « structure » dans un sens institutionnel.

4. Pour une étude économétrique de cette relation au Brésil pendant la période coloniale, cf. C. Salomão Fillho, B. Ferrao et I. Ribeiro, *Concentração, estruturas e desigualdade –as origens colonias da pobreza e da má distribuição de renda*, São Paulo, Grupo Direito e Pobreza — IDCID, 2.009.

principales causes du sous-développement de ces pays. Les liens de dépendance coloniale qui en sont la cause ne sont toutefois pas la seule origine du sous-développement. Et cela pour une raison simple, qui doit toutefois être bien identifiée. Ce sont les structures économiques internes qui rendent possible ou non, le cas échéant, la rupture avec les situations de dépendance. Cette situation s'est rarement produite dans l'histoire des pays sous-développés. Excepté dans des situations rares et exceptionnelles, dans ces pays, les liens de dépendance n'ont jamais été attaqués, et encore moins rompus. Cela dépend de la structure interne de pouvoir et de répartition de revenus qui profite indirectement de ces liens.

L'analyse devra ainsi se focaliser sur ces structures. Désormais, il convient d'évoquer un point sur lequel on reviendra plus tard, sous l'angle de l'analyse historique. Il s'agit du lien entre pouvoir économique et répartition des revenus. Le lien est original par rapport à celui qui s'établit dans les pays développés.

Dans les pays développés le lien existe aussi, mais il concerne surtout les profits extraordinaires du monopoleur réalisés au détriment des consommateurs par le biais de recouvrements de prix monopolistiques. Des recherches empiriques montrent que ces profits ne sont pas négligeables et correspondent à des sommes importantes de concentration de revenus.

Dans les sociétés sous-développées, le lien en question est plus important, sur le marché des produits industriels. Outre le déséquilibre caractérisant les relations entre consommateurs et producteurs, avec les inefficiences d'allocation et de distribution qui en découlent, cela conduit à une disproportion absolue entre les secteurs économiques. La dynamique de l'économie est essentiellement concentrée sur les produits primaires ou les manufactures de basse technologie destinées à l'exportation et dans les biens de consommation durables consommables en interne par les hauts revenus de la population. Ces deux secteurs, monopolisés ou du moins « oligopolisés », concentrent les investissements et les gains de productivité (surtout à partir de la diminution des salaires réels). Ils drainent donc les ressources du système économique directement à travers des profits monopolistes obtenus de leurs fournisseurs, ou alors indirectement en récupérant les investissements qui devraient normalement être placés dans d'autres secteurs (que l'on dénommera secteurs économiques périphériques).

Par ailleurs, outre le marché de consommation et celui des secteurs économiques périphériques, il existe aussi des conséquences au niveau du marché du travail. Comme on le verra en étudiant l'histoire économique, dans la plupart de ces pays, sinon dans tous, la concentration de revenus finit par devenir la condition fondamentale pour la croissance économique[5]. Précisément parce que ces pays sont basés sur la fabrication de produits primaires et de matières principales avec un faible degré technologique, que ce soit pour le marché interne ou externe, le gain de productivité dans ces économies ne peut pas être obtenu seulement à partir d'améliorations technologiques (qui sont souvent insuffisantes dans ces secteurs de basse technologie). Pour qu'il existe, le gain de productivité doit se fonder

5. Cf. F. de Oliveira, *A economia da dependência imperfeita*, Rio de Janeiro, Edições Graal, 5e éd., 1989, pp. 127 et ss.

sur l'augmentation de la productivité de la force de travail, obtenue à travers la dégradation des salaires réels ou alors la réduction effective de la force de travail (source première de ce que l'on appelle les économies d'échelle obtenues avec la concentration économique). Ce mouvement est seulement possible, néanmoins, par le haut degré de monopolisation du système économique, y compris sur le marché du travail. Comme il a déjà été mentionné, non seulement parce que les entreprises concurrentes dans leur propre secteur sont peu nombreuses et de faible importance, mais aussi parce que dans les économies sous-développées, la norme coloniale-monopoliste fait en sorte qu'il n'y a pas de grandes concurrences entre les secteurs économiques. Les secteurs qui ont un véritable dynamisme économique et qui sont capables d'accumuler du capital et d'absorber de la main-d'œuvre sont peu nombreux et concentrés.

C'est seulement ainsi qu'il est possible d'accumuler du capital et donc d'investir dans la production en vue d'une croissance. Néanmoins, une telle politique de croissance implique pour sa propre existence, une redistribution des revenus en sens inversé, accompagnée d'un appauvrissement (relatif pour les travailleurs employés et absolu pour ceux qui perdent leur emploi) de la tranche sociale basse et d'un appauvrissement relatif des secteurs économique périphériques.

Se focaliser sur les structures implique aussi de refuser les thèses socio-logico-individualistes qui prétendent expliquer les raisons du sous-développement. Ces thèses sont fréquemment influencées par les travaux des néo-institutionnalistes afin d'expliquer les raisons du sous-développement et finissent par justifier les solutions proposées. Selon ces auteurs, la motivation individuelle des colonisateurs d'Amérique latine et d'Asie est différente de celle des immigrés d'Amérique du Nord et d'Océanie, et elle a influencé toute la structure institutionnelle des sociétés. Or, ce type d'affirmation est excessif et erroné. En effet, les différences de mentalité des colonisateurs sont exagérées. Des études démontrent qu'en réalité l'expérience coloniale est plus riche en diversité que cette distinction semble suggérer. À l'intérieur des mêmes colonies coexistaient des régions de simple exploitation avec des régions où les colonisateurs s'établissaient avec l'intention de s'y installer. Les deux catégories de colonisateurs coexistaient dans les pays d'Amérique latine, d'Asie, et même d'Afrique (par exemple, en Afrique du Sud). Dans ces régions, que ce soit en Argentine, en Australie ou en Inde, l'esprit colonial capitaliste se ressemblait[6].

Cette dernière observation nous amène directement à l'erreur commise par les adeptes des théories socio-logico-individualistes qui négligent l'étude des structures économiques créées par la colonisation d'exploitation. Ce sont ces structures, et non la motivation individuelle, qui sont les principaux facteurs expliquant la différence entre les économies fondées sur des monopoles d'exploitation et les sociétés où ces structures n'ont pas existé. Elles déterminent les cycles économiques et influencent tout le système social et économique, au-delà des différences de mentalité des colonisateurs entre les régions où s'installent des populations et

6. Cf. D. Denoon, *Settler capitalism : the dynamics of dependent development in the southern hemisphere*, Oxford, Clarendon Press, 1983, pp. 18 et ss.

les régions affectées simplement au développement des exploitations. Ainsi, dans des régions comme Buenos Aires en Argentine, les colonisateurs partageaient la même mentalité capitaliste que ceux installés dans des régions comme Sydney en Australie, alors que le niveau de développement économique et social est très différent.

§1. L'hypothèse et la méthode de recherche et leur principale conséquence

La principale hypothèse du présent paragraphe est que la concentration structurelle du pouvoir économique dans les économies périphériques produit des effets sur tout le système, concentrant les revenus entre les secteurs industriels et produisant une redistribution inversée (vers les plus riches) des revenus dans la société. Cette concentration de pouvoir et de revenus a pour conséquence que la politique de croissance économique de ce type d'économie est substantiellement modifiée : la croissance se fonde essentiellement (parmi d'autres facteurs) sur des gains de productivité créés par une redistribution inversée des revenus et de la force de travail (tant la force effectivement employée que celle en réserve) au profit de grands conglomérats (et de leurs actionnaires qui sont en nombre limité).

On s'attachera à démontrer cette hypothèse à travers une analyse historique et des données empiriques. Dans la mesure où elle est considérée comme une hypothèse générale découlant du propre concept de colonisation, on s'attachera à décrire les traits de l'histoire économique du sous-développement (de la même manière que pour les pays développés), en mettant en évidence, seulement lorsque nécessaire, les spécificités des processus historiques particuliers.

Cette forme descriptive ne dénote pas un excès de prétention, mais la profonde conviction que le processus de sous-développement est un processus structurel dans les colonies, lié aux monopoles privés et publics qui s'y sont installés. Les conclusions déduites du processus historique seront alors soumises à une vérification empirique dans des pays considérés comme emblématiques.

Il est important d'observer dès maintenant que cette hypothèse, une fois démontrée, peut contribuer à résoudre deux paradoxes apparents de l'histoire économique contemporaine.

Le premier paradoxe est la reproduction de la situation de sous-développement (avec une détérioration absolue ou au moins relative des principaux indicateurs sociaux et de la répartition des revenus) dans des pays qui bénéficient de taux de croissance économique importants. L'hypothèse ici présentée peut contribuer à expliquer ce paradoxe apparent. Admettant l'hypothèse de la concentration du pouvoir économique comme créatrice de distribution inversée des revenus sur les marchés de la consommation, du travail et interindustriel dans les pays sous-développés, il est alors possible de comprendre la raison de la croissance économique avec une détérioration des indices sociaux. La croissance est réalisée grâce à une distribution des revenus en sens inverse, c'est-à-dire grâce à des gains productivité liés à la baisse des salaires réels. Le résultat final est l'existence d'économies constamment sous-développées, dans lesquelles même si les agrégats économiques s'améliorent, la pauvreté et l'inégalité sociale demeurent.

Le second paradoxe est la convergence des prix relatifs entre les pays développés et sous-développés identifiée par de récents travaux empiriques[7]. Selon ces études, il est possible de démontrer une corrélation positive entre la convergence internationale dans les prix de *commodities* et la convergence des prix relatifs des facteurs de production (en particulier, salaire et prix de la terre, le dénommé « *wage-rental ratio* »). Cette convergence s'accompagne — et c'est le paradoxe — d'une augmentation des différences des niveaux de qualité de vie entre les pays développés et les pays sous-développés. Il ne suffit pas, comme le font ces études (voir la note de bas de page n° 22 de l'introduction), d'invoquer le facteur technologique pour expliquer ces résultats. L'harmonisation des prix des *commodities* des *wage-rental ratios* devrait conduire à un rapprochement et non à de plus grandes divergences entre les niveaux de vie, même en présence de technologies différentes. Au final, le prix des *commodities* et le prix de la terre correspondent en grande partie à des besoins fondamentaux liés à la hausse des indicateurs économiques et sociaux. Bien qu'il existe d'autres facteurs importants influençant ces indicateurs, leurs niveaux très différents montrent qu'il existe une catégorie particulière de la population bénéficiant des meilleurs *wage-rental ratios.*

Parce que cela correspond précisément à des stades économiques différents et typiques des pays sous-développés dans lesquels l'économie agraire est remplacée par une industrie de manufactures et de matières premières, ces données indiquent en réalité une concentration économique et une redistribution inversée des revenus et non une amélioration des niveaux de vie. Dans ces économies, à ce stade historique d'industrialisation, la réduction du prix de la terre n'est plus parfaitement proportionnelle à la baisse des salaires réels, même si une certaine corrélation continue d'exister. Cette situation s'explique d'une part par le fait que la demande de terres diminue davantage durant les périodes d'industrialisation que la demande d'emplois. D'autre part, au cours de cette période, un début d'organisation syndicale apparaît dans la plupart des pays sous-développés, empêchant la détérioration encore plus grande des niveaux de salaires réels. C'est ainsi que se produit la concentration des richesses entre les mains des classes sociales les plus favorisées qui peuvent même accumuler du capital grâce à l'acquisition de terres. Cette situation explique également, outre la coexistence des meilleurs *wage-rental ratios* et des pires indicateurs sociaux, une autre caractéristique particulière des économies sous-développées. Il s'agit, cinquante ans après le début de l'industrialisation de la majorité des pays sous-développés, du processus de reconcentration de la propriété agraire et de l'exclusion sociale en zone rurale. L'accumulation de capital, faite de façon inégale, conduit à ce que la baisse du prix de la terre ne puisse profiter qu'aux classes sociales les plus favorisées. Pour l'ouvrier, l'employé et même le

7. Cf. J. Williamson, « Land, labor and globalization in the third world, 1870-1940 », *The Journal of Economic History*, n° 62 (1), March 2002, p. 55 (68). Cf. également l'étude précédente du même auteur « Globalization, convergence and history », *The journal of economic history*, n° 56 (2), June 1996, pp. 277 et ss.

chômeur, il n'y a pas d'accès possible à la propriété agraire. Ce qui explique la permanence et le caractère endémique des conflits agraires dans ces économies, malgré l'abondance relative des terres.

Ainsi, en réalité, l'opposition entre la théorie classique des avantages comparatifs et la théorie structuraliste (dans la version initiale de Prebish) doit être révisée. Malgré une harmonisation entre les taux de rémunération des facteurs de production (à une certaine période[8]), elle est de peu d'importance pour le développement économique de ces régions. En effet, le principal problème de l'héritage colonial réside non pas dans les structures internationales de commerce, mais bien dans les structures internes du pouvoir économique (liées ou non à des intérêts économiques et commerciaux externes), dont l'établissement et l'implantation ont été très favorisés par cet héritage.

Par ailleurs, l'histoire de la colonisation et la structure monopolistique qui en a résulté ont eu un impact sur les sociétés du Sud de l'hémisphère, à tel point que se sont constituées des structures sociales et économiques qui vont caractériser tout leur processus de développement économique futur. C'est la raison pour laquelle cette étude commence par l'histoire économique des pays sous-développés.

La référence à des structures sociales et économiques est intentionnelle. Il est incorrect de partir d'une prédéfinition unilatérale du sens du comportement humain qui serait guidé par une rationalité exclusivement économique, comme l'affirme Gary Becker[9] ou principalement sociale, comme l'a défendu Karl Polanyi[10]. Le choix de l'une de ces deux tendances est en outre inutile car elles s'associent dans l'induction du processus, et doivent ainsi être toutes les deux développées.

En réalité, les conséquences de la colonisation sont importantes non seulement dans les structures économiques, mais également dans les structures sociales; la colonisation configure ses propres structures. L'admiration de la culture et des niveaux de vie des pays développés et le certain mépris des classes aisées et même des classes moyennes à l'égard de leur propre civilisation est une caractéristique commune de ces pays. La détention du savoir économique liée aux monopoles coloniaux influence la structure sociale, rompant les liens sociaux et rendant plus difficile la coopération. Cette façon de penser et ces structures rendent beaucoup plus difficile le processus de développement.

En matière économique, l'effet des structures est encore plus important. Il concerne, comme on l'a déjà vu, la forme d'accumulation du capital et la forme de distribution des revenus. Ce type de structure empêche la demande d'être la principale force motrice du processus de développement. Affronter un problème

8. Toutefois, cette approximation n'a pas été démontrée et il existe des données importantes dans le sens opposé : J. Love, « Economic ideas and ideologies in Latin America since 1930 », *Cambridge History of Latin America*, Cambridge University Press, 1994, vol. VI, 1, p. 393-423, spéc. note 91).

9. Cf. G. Becker, *The economic approach to human behavior*, Chicago, The University of Chicago Press, 1976.

10. K. Polanyi, *The great transformation*, Boston, Beacon Press, 1957, spéc. p. 46 (trad. fr. *La grande transformation*, Gallimard, 1983).

structurel économique aussi difficile exige une analyse des structures et des comportements économiques dans les pays sous-développés et découlant de structures monopolistiques, ainsi qu'une solution juridique permettant de sortir du cercle vicieux du sous-développement provoqué par ces structures.

Enfin, il convient de noter que mettre en évidence le rôle central de la structure monopolistique dans les colonies ne signifie pas que la solution au problème du sous-développement soit la généralisation dans l'économie de structures économiques décentralisées. Ce serait alors une erreur que commettent peut-être intentionnellement les adeptes des théories néoclassiques qui opposent les grands conglomérats monopolistiques à une structure économique de petites et moyennes sociétés, inefficace selon eux.

Même du point de vue logique, il n'existe pas seulement ces deux alternatives, mais il n'en reste pas moins que la véritable alternative au pouvoir économique concentré est une structure économique équilibrée entre l'offre et la demande. Étudier la bonne organisation des forces du marché de l'offre et de la demande (et pas seulement la meilleure conformation de la structure industrielle de l'offre) est le véritable objectif du système économique et des lois qui entendent le protéger.

Cela ne signifie pas non plus que la lutte envers les structures monopolistiques soit suffisante en soi pour le développement économique. Il convient, en particulier, de souligner que les structures économiques affectent les caractéristiques structurelles de la société et non seulement des données quantitatives. Ainsi, l'idée de mettre en évidence l'existence des monopoles n'explique pas pourquoi, parmi les pays sous-développés, existent des degrés différents de croissance relative. D'autres facteurs sont décisifs comme l'accroissement démographique, la part de revenus de chaque pays dans le commerce international, etc.[11].

§2. Colonialisme et constitution des monopoles

La période coloniale est une période longue et particulière dans l'histoire du capitalisme. Du point de vue économique, elle dure quatre siècles, du début du XVIe siècle à la fin du XIXe siècle. Cette période passe par différentes phases économiques des pays développés : du mercantilisme jusqu'à la Révolution industrielle. Dans les pays sous-développés, cette période se divise en plusieurs phases : du système d'exploitation aux *plantations* du XIXe siècle menées dans beaucoup de pays déjà indépendants. Durant plusieurs siècles, ces pays maintinrent des liens économiques privilégiés avec les ex ou actuels États colonisateurs, ce qui permit de préserver la constance des politiques économiques des colonies, notamment la politique agricole de monoculture ou de mono-extraction minière. Cette caractéristique influence fortement la structure économique et sociale de ces pays à tel

11. À propos d'une description intéressante des différents niveaux de croissance obtenus dans les pays latino-américains au XIXe siècle en fonction de la *commodity lotery* (loterie des produits d'exploitation), cf. V. Bulmer-Thomas, *The economic history of Latin America since independence*, Cambridge, Cambridge University Press, 1994, spéc. pp. 43 et ss.

point qu'elle devient l'élément dominant, se superposant à d'éventuelles différences de fond politique et économique qu'une période coloniale peut avoir par rapport à une autre.

En effet, la monoculture, avec des différences entre l'exportation de produits agricoles et miniers et l'importation de manufactures européennes, selon les régions colonisées et les époques, est la principale caractéristique économique des colonies. La production était structurée, du point de vue juridique, autour du monopole qui garantissait aux producteurs la plus grande marge de profit possible en matière agricole et minière. Monopoles et activités agricoles ou minières (de grande production ou produisant simplement des biens de première nécessité) accomplissaient ainsi leur fonction à la perfection dans les colonies : assurer la concentration des richesses entre les mains de l'agent économique dominant durant la période déterminée, par le biais de monopoles d'État ou privé. Les grands monopoles d'État et privés réalisaient des très grands profits, tandis que les paysans et petits artisans des colonies se contentaient de petits bénéfices qui leur permettaient à peine de survivre, comme par exemple le riz en Asie orientale.

Si de nombreux historiens économistes montrent que les intérêts des métropoles ont été déterminants pour la définition des structures économiques et sociales des colonies, plus rares sont les auteurs qui mettent en évidence la façon dont les systèmes monopolistes ont été capables d'avoir une influence si grande et durable sur le système économique et social des colonies. C'est l'objectif de notre étude selon trois manières distinctes : en premier lieu, en cherchant à identifier comment les monopoles traduisaient les intérêts commerciaux des métropoles et comment ils influençaient les cycles économiques dans les colonies; en deuxième lieu, il faudra examiner comment ces monopoles se structurent dans les économies coloniales et quelle est la relation établie avec les États coloniaux; pour en troisième lieu étudier la structure sociale qui en résulte dans les colonies.

§3. Les origines historiques du sous-développement

L'histoire économique des pays sous-développés correspond, de manière générale, aux grandes lignes du développement du capitalisme. Elle en est son sous-produit. Notre étude est centrée sur les grandes phases du développement du capitalisme de la fin du Moyen Âge à nos jours, analysé sous la perspective des pays sous-développés. L'histoire économique du capitalisme est différente suivant que les faits sont étudiés sous l'angle des pays développés ou des pays sous-développés. Nous y reviendrons ultérieurement.

En matière scientifique, il est nécessaire d'éviter tout déterminisme dans la description et l'analyse historique. L'étude structurelle proposée ne doit pas induire en erreur. Cette étude a, en réalité, des caractéristiques spécifiques aussi quant à l'analyse historique. L'affirmation (déjà faite dans l'introduction) selon laquelle les structures influencent et dans certains cas déterminent le processus de développement ne peut être bien comprise qu'à la lumière de la signification de ces structures. Ce sont essentiellement les structures de pouvoir et de distribution des richesses dans les sociétés. Les structures historiquement importantes sont alors au nombre de deux. Celles qui sont neutres par rapport au développement économique et social et celles qui influencent dans un sens précis le développement économique et social. Ce qui rend une structure neutre ou non par rapport au processus de développement économique est sa capacité ou non à intervenir dans les choix sociaux[12]. Pour l'instant, l'affirmation suivante, relativement évidente, suffit pour notre étude historique : les structures économiques qui limitent le choix social n'offrent pas d'alternatives pour une société.

Parler de choix social signifie devoir analyser des éléments historiques bien plus larges que le simple mode de production et les relations qui s'y réalisent. Les processus historiques ne se définissent pas exclusivement à partir de la relation entre travailleurs et capitalistes, ne serait-ce que parce qu'à certains moments historiques (comme aujourd'hui) ces relations peuvent ne pas être les plus importantes économiquement et socialement. Le développement économique et social d'une société dépend d'une gamme de relations sociales et économiques bien plus larges, lesquelles incluent des relations de consommation et des relations avec d'autres secteurs industriels. Si des structures économiques capables d'influencer ces diverses sphères de relation sont constituées dans une société, alors elles commencent à avoir une influence importante sur le processus de développement, notamment si ces structures créent des relations de redistribution et de pouvoir figées dans ces diverses sphères des relations sociales.

Seuls les monopoles sont capables d'exercer une influence sur ces trois sphères de relation : marché du travail, marché de la consommation et relations entre différents secteurs de l'industrie. Cette hypothèse est démontrée par l'histoire économique des pays sous-développés, où la présence et l'importance des monopoles aux différents moments de l'histoire influenceront de manière décisive le processus de développement économique relatif. Cette influence sera différente notamment selon le degré et la forme de l'exercice du monopole et selon la période historique analysée. Le degré et la forme d'influence dans ces différents types de relation varieront selon la période historique. D'ailleurs, on peut noter que la forme d'influence de chacune de ces structures varie dans le temps.

Cela signifie également que le thème de l'analyse historique à développer ne portera pas (contrairement à l'analyse marxiste classique) sur l'étude des phases du développement historique du capitalisme à partir des forces productives déterminées. Notre étude ne sera pas non plus factuelle ou statistique, contrairement à une analyse historique néoclassique. On cherchera à relater et à analyser l'évolution des structures monopolistes et des relations sociales qui en résultent. Par conséquent, l'analyse proposée sera divisée en trois grandes phases : la première concerne le colonialisme et la constitution des monopoles, la deuxième porte sur

12. Lorsque les structures sont neutres, qu'elles n'influencent pas le processus de choix social, la prééminence des institutions peut alors expliquer le processus de développement économique, ce qui explique l'importance de la théorie de D. North pour les pays développés et, selon la thèse ici défendue, son application limitée pour les pays sous-développés.

l'industrialisation et la transformation des monopoles, et la troisième sur l'internationalisation et l'apogée des monopoles.

La coupure historique choisie exigera nécessairement, concernant les différentes régions analysées, l'analyse parallèle de processus historiques apparus pendant différentes périodes. Ainsi, par exemple, l'industrialisation des pays d'Amérique latine s'est faite, en général, plus tardivement que dans les pays d'Asie étudiés (Inde et Chine, en particulier). En outre, le choix des pays à analyser devra aussi être limité. Il ne serait pas viable et extrêmement prétentieux de tenter de décrire ou de réécrire les histoires économiques de ces nombreux pays. Il s'agit simplement d'identifier les caractéristiques et les structures économiques communes (ainsi que leurs différences) et leurs effets sur le processus de développement économique de ces régions.

Section 2

Monopoles et intérêts commerciaux des métropoles

En situation de monopole, à la différence de ce qui se produit en situation de pouvoir partagé entre plusieurs agents, le monopoleur a un contrôle absolu sur la courbe de la demande. Cela signifie qu'il peut la contrôler, en réduisant la quantité offerte de manière à obtenir la valeur maximale possible de profit total. Le monopoleur peut donc extraire ou s'approprier la plus grande valeur possible de sa contrepartie, qu'il soit le fabricant ou le consommateur final. Il convient également de remarquer que, du point de vue du monopoleur, la structure économique du secteur avec lequel il doit négocier est importante. Puisque le monopoleur est un intermédiaire, il est intéressant pour lui que le producteur soit aussi monopoleur et qu'ils soient, en tout état de cause, liés par des relations d'exclusivité. Entre ces deux conditions, la dernière est sans aucun doute la plus importante pour le monopoleur. Les liens d'exclusivité éliminent tout pouvoir compensatoire du producteur, réduisant par conséquent les coûts de transaction et permettant d'augmenter la parcelle totale du profit qui sera appropriée par le monopoleur.

Le fait que cette rationalité économique (suffisamment simpliste au demeurant) gouverne toute la structure économique des colonies n'est pas une coïncidence. Tant dans les colonies d'Amérique que dans les colonies d'Asie et d'Afrique, les grands monopoles étatiques (des métropoles) ou privés (des grandes sociétés anonymes de l'époque marchande affectées à l'exploitation coloniale) forment les structures productives comme on l'a démontré. Ainsi ces monopoles ont, en règle générale, des droits exclusifs qui leur garantissent le monopole d'acquisition des produits de la colonie. Les structures productives sont basées sur de grandes propriétés pour les cultures ou les produits destinés à l'exportation par le biais des monopoleurs, alors que les cultures de base de la population locale ou de commerce simplement interrégional sont laissées à la charge de petits et moyens producteurs locaux. Cette stratégie permet aux monopoleurs de maximiser leurs profits selon deux formes différentes : d'un côté, avec l'acquisition et la vente des produits exportés de la colonie, comme on l'a vu ci-dessus; d'un autre côté, en garantissant que la production économique locale ne pourrait pas se substituer aux produits primaires ou manufacturés exportés par les métropoles ou par les grandes entreprises vers les colonies, ou même les concurrencer. Comme on le verra, c'est exactement ce qui s'est produit à des périodes postérieures à l'exploitation coloniale.

La structure économique décrite ci-dessus est la première à s'implanter dans les colonies d'Amérique latine, d'Asie et d'Afrique.

Dans les colonies d'Amérique latine, la phase initiale de la colonisation est exclusivement centrée sur des activités d'extraction. La production est, en Amérique espagnole, axée sur la recherche de métaux précieux. En Amérique espagnole, durant les XVIe et XVIIe siècles, l'unité économico-juridique de base était l'*encomienda*. Les *encomenderos* bénéficiaient d'une sorte de concession de la Couronne, et ils leur étaient confiés une partie de la population indigène. Ils avaient alors le devoir d'organiser l'exploitation minière, de garantir la subsistance et la sécurité des travailleurs[13]. Les métaux précieux étaient alors tous vendus à la Couronne espagnole, qui détenait le monopole de son acquisition et de sa commercialisation. Quant à ses effets économiques, le système est assez similaire à celui des *engenhos*, qui étaient de grands dispositifs de production de sucre brésilien des XVIe et XVIIe siècles, et fonctionnaient également sous un régime semi-autarcique.

Une des caractéristiques communes les plus importantes était que ces unités ne produisaient pas de flux interne de revenu important (à l'exception d'un certain commerce intra-régional en Amérique espagnole, provenant des activités de production d'argent et qui a produit une demande de produits de consommation de base pour des régions non productrices de ce métal comme le Chili et l'Argentine), puisqu'elles s'auto-suffisaient et étaient fondées sur un travail quasi esclave dans les colonies espagnoles[14] et esclave dans les colonies portugaises.

Dans les deux cas, le développement d'autres secteurs économiques était limité et un excédent économique important était réalisé par le biais d'une main-d'œuvre semi-esclave voire esclave. Cet excédent n'existait qu'en raison du système de monopole verticalement intégré qui allait de l'*encomendero* ou du « *senhor de engenho* » (dans le cas brésilien) jusqu'à la métropole.

La structure de production de la colonie n'admettait donc pas de levier économique autre que la demande externe contrôlée par les monopoleurs.

Il en est ainsi également, bien que dans des conditions et des périodes différentes, dans les colonies asiatiques. En Asie, à la différence de l'Amérique, l'exploitation coloniale n'est pas directement le fait de l'État colonisateur. Depuis le début, les grandes sociétés coloniales ont bénéficié du droit, concession réelle, d'exploita-

---

13. Exerçant, selon C. Furtado (*A Economia Latino-americana*, São Paulo, Companhia Editora Nacional, 1976, p. 18), des fonctions de droit public qui assimilaient leur situation à celle des seigneurs féodaux.

14. Fondé sur l'*encomienda* et sur la *mita*, impôt payé sous la forme de travail par les communautés indigènes (C. Furtado, *A Economia Latino-americana*, *op cit.*, pp. 23-24).

tion économique des colonies. Elles étaient les seules capables de réunir les capitaux nécessaires à l'exploitation coloniale, qui en Asie orientale était certes plus coûteuse, mais, à première vue, bien plus lucrative qu'en Amérique latine. En effet, mis à part l'or et les autres métaux précieux de l'Amérique espagnole, appropriés par la Couronne espagnole, il n'y avait pas en Amérique latine de produits d'extraction minière facile et de commercialisation sur le marché européen pouvant intéresser les exploitants capitalistes.

De cette circonstance historique et géographique découle un fait curieux. L'exploitation coloniale est plus sélective dans les colonies d'Asie que dans les colonies d'Amérique.

En Amérique, les États coloniaux et les unités productives créées par ces derniers contrôlaient tout, y compris la culture des produits de première nécessité des travailleurs (les esclaves au Brésil ou les Indiens *encomendados* en Amérique espagnole). Même après la phase coloniale, les économies étaient dominées par les grands intérêts miniers ou agricoles exportateurs, puis par les grands intérêts industriels. Il n'y a jamais eu beaucoup de place pour le petit entrepreneur, tant dans le domaine agricole que dans les manufactures.

Il en est ainsi également en Asie. Les grandes entreprises coloniales se spécialisent, depuis le début, dans l'exploitation locale d'épices. Ce sera la principale activité économique des colonies asiatiques jusqu'à la seconde moitié du XVIIIe siècle au moins. Les grandes sociétés contrôlent tout, des relations de la Couronne avec la colonie jusqu'aux représentants du gouvernement local. Puisqu'elles s'intéressent, au moins au début, à des produits d'extraction facilement accessibles, il n'est pas nécessaire de monter de grandes structures productives. Bien au contraire, le profit maximum est obtenu grâce aux relations monopolistiques des grandes sociétés avec les commerçants et des relations de ces derniers avec les petits producteurs locaux. La grande production, organisée sous forme de plantation par les sociétés coloniales elles-mêmes, n'apparaîtra qu'au XIXe siècle[15].

Néanmoins, à la différence de l'Amérique, en Asie les grandes entreprises commerciales, suivant une logique exclusivement économique et non politique, s'intéressaient seulement aux produits à forte valeur ajoutée tant dans l'exportation de produits des colonies que, plus tard, dans l'exportation de produits manufacturés pour les colonies et dans la propre production de produits manufacturés par les grandes sociétés dans les colonies. Ainsi, la culture de produits agricoles de première nécessité et le commerce intra-régional étaient-ils tolérés, voire favorisés[16]. Il s'agissait ainsi de garantir la survie de la population locale (non asservie), tout en rendant possible la poursuite de l'exploitation des produits à forte valeur ajoutée.

---

15. À ce propos la description intéressante de E. Wolf, *Europe and the people without history*, Berkeley, University of California Press, 1982, pp. 310 et ss.

16. Cf. G. Myrdal, *Asian Drama — an inquiry into the poverty of nations*, New York, The Twentieth Century Fund, 1968, vol. I, pp. 462 et ss.

§1. Les cycles de croissance et de stagnation dans l'Amérique latine coloniale et la formation des États nationaux

Au-delà des différences, il existe un trait commun entre les colonies : l'absence de stimulation économique interne favorable à la croissance et au développement économique.

Pour comprendre cette situation, il est nécessaire de bien saisir le rôle du monopole colonial dans l'ensemble de l'économie.

Par exemple, dans le Brésil de la fin du XVIe siècle, 120 *engenhos* seulement concentraient le total de la production nationale. Ces *engenhos* distribuaient à peine 3 % du revenu obtenu aux travailleurs et aux sous-traitants. La raison est simple. Plus le monopole commercial (celui de la Métropole à cette époque) réussissait à concentrer les revenus, plus le secteur mono-agricole était lui-même capable de concentrer les revenus. Dit autrement, plus la capacité du secteur exploité à concentrer les revenus était grande, plus les transferts étaient importants.

Cette situation explique le monopole vertical, qui allait de la métropole jusqu'au commerçant monopoliste local ou le titulaire de la « *sesmaria* » (v. à ce sujet section 3, §1). Le monopole concentrait tous les revenus et rendait possible l'appropriation des plus-values produites par les trois sphères mentionnées ci-dessus (section 1, §3), ce qui limitait la multiplication des revenus.

Cette capacité d'appropriation des plus-values produites par les trois niveaux différents dépend essentiellement de deux facteurs : d'une part, la possibilité de s'accaparer les fruits du marché du travail ; d'autre part, la possibilité de concentrer le pouvoir, garantissant que les autres secteurs sont constamment dépendants du secteur principal. Ces deux prémisses de fonctionnement de l'exploitation coloniale sont ensuite devenues les grands piliers de la structure économique et sociale. Elles seront par conséquent analysées séparément dans la présente étude.

Pour l'instant, il convient seulement d'observer que cette concentration économique empêchait tout développement économique autonome. Par exemple, dans le Brésil colonial, 97 % des revenus des personnes gérant des *engenhos* n'étaient pas investis dans le pays pour produire un effet multiplicateur, mais bénéficiaient surtout aux commerçants étrangers (à l'époque les Hollandais) qui avaient financé la production tandis qu'une autre partie était dédiée aux dépenses dans des produits de luxe à l'extérieur[17]. Rien ou presque rien ne demeurait ou se transformait en investissement dans les colonies.

Cette relation étroite entre le commerçant étranger et l'appropriation d'une bonne partie de la plus-value était utile pour éviter les crises de surproduction. Le commerçant, qui connaissait la demande, ne souhaitait pas que des capitaux restassent dans le pays lorsqu'elle était décroissante, tout en faisant en sorte de limiter, que ce soit du côté de l'offre ou du côté de la demande, le développement économique.

17. Cf. C. Furtado, *Formação econômica do Brasil*, São Paulo, Companhia Editora Nacional, 9e éd., 1969, pp. 54 et ss.

Du côté de l'offre, comme il n'y avait pas d'investissement que ce soit en nouvelle technologie ou pour le développement de nouvelles formes de production, il n'était pas possible d'augmenter l'efficience productive et donc d'accumuler plus de capitaux. La demande était pratiquement inexistante à l'époque, puisque les flux de revenus étaient assez limités dans ces économies, notamment en raison de l'utilisation généralisée du travail esclave ou semi-esclave (noir ou indigène).

Du côté de la demande, toute tentative d'organisation était bloquée par le monopole d'importation de la métropole. Si le monopole d'exportation des métropoles était au centre du fonctionnement du système, véritable clef de voûte de l'économie coloniale, il n'en reste pas moins que les monopoles d'importation imposés aux colonies étaient les garants de la soumission économique coloniale.

Le monopole d'importation serait, au regard du droit de la concurrence moderne, absolu. Aucune concurrence, effective ou potentielle, n'était possible. Ainsi, non seulement les produits étaient importés de la métropole, mais en outre ces produits importés ne pouvaient être produits dans la colonie. Par exemple, au Brésil, la métropole est allée jusqu'à interdire l'existence de manufactures[18], notamment pour empêcher la concurrence (même potentielle) avec les produits importés de celle-ci.

Il est remarquable de noter que ce type de monopole absolu empêchait toute sorte de développements économiques autonomes des colonies. Allié au système de monopole d'exportation, il limitait ainsi la formation de flux de revenus internes. Par conséquent, la formation de marchés de la consommation diversifiés et de dynamiques était impossible.

Ainsi, la croissance ou la stagnation économique dépendait exclusivement de variables exogènes à ces économies, c'est-à-dire de la croissance ou de la décroissance de la demande de produits agricoles ou miniers réservés à l'exportation. C'est la raison pour laquelle l'économie des pays sous-développés était caractérisée à cette époque par des « cycles économiques ».

La croissance des colonies dépendait donc de cycles économiques. Or, d'une part, comme ces cycles ne modifiaient pas la forme du système de production, la croissance ne dépendait que de l'extension des zones agricoles et d'extraction minière. D'autre part, les travailleurs libres étant peu nombreux, l'extension de la zone agricole engendrait une augmentation du travail esclave et semi-esclave. Après l'abolition de l'esclavagisme, cette main-d'œuvre s'est transformée en une grande masse prolétaire (v. *infra* section 3, §1). La croissance se fait donc, là encore, au prix du sous-développement.

Outre le fait d'influencer directement le processus de développement (ou de sous-développement économique), les cycles économiques contribuent à déter-

18. Il s'agit de la loi *Alvará* du 5 janvier 1785 de la Reine D. Maria, qui a établi l'« *extinction et l'abolition de toutes les fabriques au Brésil* ». En réalité cet *Alvará* a donné une base juridique à une situation de fait : un contexte économique défavorable aux manufactures du fait du monopole de la métropole. Le 1er avril 1808, la Couronne étant déjà établie au Brésil, cette interdiction a été révoquée par un autre *Alvará*. Avec la guerre en Europe et l'invasion du Portugal, la colonie brésilienne est devenue, au moins temporairement, un centre économique autonome important.

miner la forme et la caractéristique des États. À cet égard, la relation entre État et monopoles privés en Amérique latine est particulièrement étroite.

En découpant l'histoire économique de l'Amérique latine en plusieurs phases, il est possible de noter que, compte tenu des différentes caractéristiques géographiques des pays, les cycles économiques s'opposent. En effet, au Brésil, les mines étaient situées dans des régions d'accès difficile, tandis que les plaines adaptées pour la culture étaient abondantes, surtout près du littoral Nord-est. En revanche, en Amérique espagnole, c'est en général le contraire : l'accès aux mines était facile, alors que les zones agricoles, en raison de la cordillère des Andes, étaient assez étroites.

Ainsi, les cycles économiques sont opposés, comme l'observait Celso Furtado[19] : des 300 premières années de colonisation espagnole, de 1500 à 1800 en Amérique, les 150 premières années sont dominées par l'exploitation minière, puis par la grande agriculture exportatrice fondée sur le *latifúndio* domine (dans certaines régions) durant les 150 années suivantes.

En revanche, il se produit au Brésil exactement le contraire : les 150 premières années sont essentiellement caractérisées par l'activité agricole fondée sur le grand *latifúndio* (spécialement le sucre). C'est ensuite que l'activité minière prend de l'importance, notamment après la découverte des grandes mines d'or et de diamants de l'intérieur de l'État de Minas Gerais.

Ces cycles économiques influencent la formation des États nationaux. En Amérique espagnole, les 150 premières années sont caractérisées par une grande intégration régionale. Des flux commerciaux internes se forment, certaines régions (Argentine) approvisionnant des régions d'extraction minière (Pérou, Colombie) avec des produits de première nécessité.

Ensuite, la colonie est caractérisée par la formation d'identités régionales assez distinctes, précisément liées à l'activité agricole (ou d'extraction minière) de chaque région. À cette époque, marquée par un déclin relatif du pouvoir colonisateur (l'Espagne), la grande agriculture d'exportation était déjà prise en charge par des particuliers, qui constituent de grands monopoles exportateurs. C'est avec le soutien de ces derniers que se sont constitués les États nationaux. Ainsi, alors que l'activité commerciale et l'agriculture de produits épicés sont importantes en Argentine, les industries minières dominent le Mexique et le Chili. D'autre pays comme la Colombie, dans lequel il y avait peu d'entreprises agricoles ou minières capables de combler le déclin de la production des métaux, sont le champ où se déroulent de longues guerres civiles, retardant la création d'une unité nationale[20].

Les États nationaux se forment avec le soutien d'activités économiques importantes, et sont donc étroitement liés aux intérêts de monopoles privés. Il est intéressant de noter que ces monopoles, parce qu'ils précèdent la formation des États nationaux, étaient et continueront d'être liés à des intérêts étrangers. Cette particularité peut être mise en évidence notamment en Amérique espagnole, où

19. Cf. C. Furtado, *A Economia Latino-americana*, *op. cit.*, pp. 35-36.
20. *Ibid.*, pp. 40-41.

la relation entre grands monopoles nationaux et puissances étrangères est très forte.

Au Brésil, si le développement des activités économiques est différent, il n'en reste pas moins que les résultats sont semblables. Les premières activités centrées sur de grands *latifúndios* ne correspondent pas à des activités d'intégration. Le cycle de la canne à sucre consolide le pouvoir des grands *latifundiários*, sans pour autant créer d'unité économique nationale. Par la suite, l'extraction des métaux précieux est, au contraire, très intégratrice, ce qui explique la grande unité nationale du Brésil comparée à la diversité des États de l'Amérique espagnole.

Cette situation engendre, en retour, une dépendance plus forte de l'État colonial aux grands *latifundiários*. Après le cycle de l'or, l'État et les *latifundiários* dépendent réciproquement l'un de l'autre pour financer la nouvelle activité du café. Cette situation durera pendant des siècles et depuis lors, les intérêts entre l'État et les monopoles privés internes ne se dissocieront plus.

§2. La relation entre intérêt commercial exportateur et importateur en Asie

Il existe une autre différence entre la colonisation d'Amérique latine et celle d'Asie qui peut être mise en évidence et exerce aussi une influence sur le processus de développement qui s'ensuivra.

L'exploitation commerciale de l'Asie par les puissances coloniales (surtout l'Angleterre et la Hollande) ne s'est pas faite par la monoculture ou les monocultures pour l'exportation. S'agissant d'une colonisation menée principalement par les commerçants (privés) malgré le soutien absolu de l'État (respectivement l'Angleterre et la Hollande), le contrôle général de toutes les activités de la colonie ne présente pas d'intérêt. L'objectif est plutôt d'extraire des produits de valeur sur les marchés européens et de créer un marché pour les produits anglais et hollandais.

Les deux intérêts s'entrecroisent ne serait-ce que parce que, logiquement, l'exploitation des épices est meilleure et plus facilement financée dès lors que l'acceptation des produits manufacturés européens dans ces régions est plus grande. Ce qui varie dans le temps, c'est l'importance relative de l'objectif exportateur et de l'objectif importateur.

De nombreuses controverses importantes ont éclaté entre les historiens sur ce sujet, notamment en ce qui concerne le point sensible des discussions historiques qu'est la relation de cause à effet. Du point de vue de l'économie anglaise, on se demande, par exemple, quelle aurait été la cause de l'augmentation du commerce avec la Méditerranée et les Indes, à partir de la seconde moitié du XVIe siècle et surtout à partir de la première moitié du XVIIe siècle. Selon certains, cette augmentation découle de l'affaiblissement du commerce avec les pays de l'Europe continentale, ce qui a conduit l'Angleterre à chercher de nouveaux marchés de consommation pour ses produits. Selon une interprétation plus récente, la recherche de nouvelles sources de demande n'est pas à l'origine de l'augmentation du commerce avec les Indes. En effet, les chiffres du commerce avec le Nord de l'Europe n'ont pas enregistré de chute importante au point de justifier de nouvelles explorations. En revanche, une nouvelle catégorie de commerçants serait apparue qui, ne voyant pas de débouchés pour leur commerce dans le Nord de l'Europe, se seraient tournés vers l'Orient, considéré non pas comme un nouveau pôle de consommation, mais comme une nouvelle source de marchandises destinées à être commercialisées en Europe. Ils pensaient qu'il était possible d'accroître la demande dans le Nord de l'Europe avec seulement ces nouvelles marchandises. Il s'agit donc de quelque chose d'analogue à ce qui se produira pendant la Révolution industrielle, mis à part le fait que cela concerne les relations commerciales. Ces deux événements ont apporté des innovations du point de vue de l'offre (changement de produits d'un côté et changement de l'état de la technique d'un autre côté), influant de manière positive sur l'évolution de la demande et la croissance économique. Dans ce contexte, la vente de manufactures anglaises en Orient servait uniquement comme monnaie de change nécessaire pour les épices de valeur dont l'acquisition était très convoitée[21].

Dans une étude historique, les relations causales doivent mettre en évidence ce qui est essentiel pour les objectifs de la recherche. Comme l'historiographie moderne le souligne, les conséquences objectives d'un événement précis sont souvent plus importantes que les causes qui le déterminent[22]. Cette affirmation s'applique notamment à cette étude. Ainsi, s'agissant d'une discussion concernant l'histoire économique des pays en développement, les causes qui déterminent un changement de politique commerciale en métropole ont peu d'importance. Les effets produits dans les colonies asiatiques, en revanche, sont importants.

Ces effets sont assez évidents et ne connaissent pas de divergences quant aux résultats produits dans les colonies, quelle que soit la théorie adoptée. On assiste à la création, dans les colonies asiatiques, d'une politique monopoliste assez différente de celle existant en Amérique latine. S'agissant de la politique commerciale, l'exploitation coloniale de l'Asie est limitée aux produits qui seront achetés et vendus. Certes, en raison des privilèges réels octroyés à partir du XVIIe siècle, seules les sociétés dotées de ce privilège (Compagnie des Indes orientales) étaient autorisées à participer à un tel commerce. Toutefois, il y avait également, à côté de cette compagnie, d'autres commerçants qui pouvaient envoyer dans les Indes des produits qu'elle n'exportait pas[23]. Concernant la production locale, il existait une

21. Cette controverse est très bien résumée par R. Brenner (*Merchants and Revolution — commercial change, political conflict and London's Overseas Traders, 1550-1653*, London, Verso, 2003, pp. 3 et ss.), qui fait une étude importante sur les chiffres du commerce européen de l'époque pour réfuter la première explication et présenter de forts arguments en faveur de la seconde explication.

22. Pour une présentation du débat, cf. R. Evans, *In defense of history*, Norton, New York-London, 1999, pp. 111 et ss.

23. En réalité, ce système permettait de nombreux abus, comme l'illustre le passage suivant de H.V. Bowen, « Sinews of trade and empire : the supply of commodity exports to the East India Company during the late eighteenth century », *Economic History Review*, LV, 3 (2002), pp. 466 et ss. : « A number of reasons help to explain why the monopolistic East India Company's export performance was viewed unfavourably during the late eighteenth century. In particular, it must be remembered that any overall figures for exports to East India or Asia generated by the customs service incorporate one or (after 1793) two trades in addition to that conducted

certaine tolérance. En effet, la production et le commerce intra-régional de marchandises qui n'intéressaient pas les Anglais et qui pouvaient produire des revenus pour la population étaient tolérés et même encouragés. Ce fut le cas, pendant les XVIIe et XVIIIe siècles, de la production et du commerce du riz et du commerce de tissus aux niveaux interne et régional.

À partir de la moitié du XIXe siècle, la situation change : dans les régions soumises à la colonisation des grandes puissances industrielles (l'Angleterre et la Hollande), face à leur déclin industriel par rapport à d'autres pays d'industrialisation récente (surtout les États-Unis et l'Allemagne), l'exploitation de leur industrie agricole suscite de plus en plus d'intérêt, passant alors entre les mains des grandes compagnies étrangères au détriment des petits planteurs[24]. Ces plantations sont dès lors contrôlées par de grands monopoles étrangers (*United Fruit Company*, et autres). Les petits producteurs locaux n'ont ni le niveau ni la technologie pour les concurrencer. On assiste alors en partie à un exode agricole et à un retour à l'économie de subsistance.

À partir de cette période, afin de favoriser la formation de revenus au moins dans les classes moyennes des populations locales, le petit artisanat urbain et la petite industrie urbaine sont autorisés et même encouragés. L'Angleterre commence à pratiquer, surtout à partir du début du XXe siècle, une politique dénommée *discriminating protection* visant à inciter et même protéger certains secteurs de la petite et moyenne industrie indienne, surtout dans certains secteurs de base, nécessaires à l'industrie anglaise[25]. Ainsi, en plus de pourvoir à sa propre industrie, cela provoquait des effets multiplicateurs à l'intérieur de l'économie indienne, qui créaient à leur tour des revenus capables d'engendrer une consommation des produits anglais de plus en plus sophistiqués.

Ces effets multiplicateurs sont bien entendu limités et ne concernent pas les populations agricoles qui, n'ayant plus accès au commerce intra-régional (dominé aussi par les grandes compagnies), ne se consacraient qu'à l'agriculture de produits de première nécessité. Cette situation finira par contribuer fortement à l'absence d'*entitlements* des agriculteurs et aux grandes famines du XXe siècle.

La volonté constante de faire des marchés internes une source de demande, autonome ou en rapport avec l'achat de marchandises, produit un effet relative-

---

by the Company itself. These were the « privilege » allowed to the commander and crew members of East Indiamen, and the private trade permitted after the Charter Act of 1793 when cargo space equivalent to three 3,000 tons a year was granted to merchants who whished to export goods to India on board Company ships. The privilege or indulgence trade, based upon a sliding scale of cargo space and value determined according to rank, had long enabled individuals to carry a defined range of goods to Asia on their own account or on behalf of others. The company reserved to itself the right to export woolens, cooper, gunpowder, and fire arms, but allowed those engaged in the privilege trade to transport most other types of goods. Since common sense dictated that crew members could best utilize their allowance by concentrating on fine, low volume/high value goods, a small but increasingly significant part of the East India export trade lay in private hands even before1793 and this encouraged the belief that the Company's inefficiency and conservatism was such that it was neither able nor willing fully to exploit the commercial opportunity open to it ».

24. E. Wolf, *Europe and the people without history, op. cit.*, p. 312.

25. Comme l'a décrit G. Myrdal (*Asian Drama, op. cit.*, p. 459), ce processus s'est développé surtout à partir de la fin de la Première Guerre mondiale qui correspond encore à la période coloniale pour la plupart des pays asiatiques, y compris l'Inde.

ment positif qu'est la possibilité pour d'autres secteurs économiques d'exister indépendamment du schéma exportation-importation. Contrairement à l'Amérique latine, il n'y avait pas de drainage des ressources entre les secteurs économiques. Le monopole produisait des effets néfastes sur le marché du travail et de la consommation, mais ses effets étaient plus limités dans d'autres secteurs économiques. Par conséquent, il a été plus facile pour l'État de protéger d'autres secteurs économiques et de promouvoir la croissance économique lors des phases d'industrialisation plus avancée, notamment vers la seconde moitié du XXe siècle.

À partir de cette conjonction de facteurs, on comprend aisément pourquoi la décolonisation dans les pays de l'Asie a été longue. Le pouvoir des puissances industrielles garantissait également l'existence d'un marché de la consommation. En revanche, en Amérique latine, le système colonial garantissait le protectionnisme des produits et des marchés pour les pays (les métropoles, Espagne et Portugal) qui depuis la moitié du XVIIe siècle n'étaient plus au centre du système capitaliste. Ce qui explique pourquoi les grandes puissances industrielles (surtout l'Angleterre) étaient favorables à la décolonisation et à d'autres mouvements (comme l'abolition de l'esclavage) qui avaient pour conséquence d'élargir leurs marchés de consommation.

§3. Conclusion partielle : les effets des monopoles commerciaux sur le processus de développement économique des colonies

La conclusion à laquelle on arrive aura des effets importants sur l'analyse des processus de développement des régions respectives, et ce, aussi bien pour les périodes d'industrialisation postcoloniale que pour l'étude de la période contemporaine.

La comparaison entre l'Amérique latine et l'Asie révèle, dans la période coloniale, des situations assez différentes en ce qui concerne l'économie exportatrice. En Amérique latine, l'activité exportatrice est fortement monopolisée. Le monopole exportateur est le fondement de la colonisation. Rien d'autre ne prospère, ni le marché de consommation ni aucun secteur complémentaire, constitué d'économies de subsistance dépendantes du grand établissement exportateur.

Si du point de vue juridique, ce monopole est privé, il n'en reste pas moins qu'il sert entièrement les intérêts commerciaux de l'État (colonie) qui sont les mêmes que ceux de la métropole. Cette distinction entre la situation juridique et la réalité économique a beaucoup influencé tout le processus de développement postérieur de ces pays. Le système juridique s'est montré incapable de dépasser des intérêts (privés) économiques.

En Asie, la situation est bien différente, voire opposée. La colonisation étant menée par de grandes entreprises commerciales, l'exploitation commerciale coïncide avec la nécessité de créer un marché de consommation pour les marchandises des entreprises monopolistes, notamment la Compagnie des Indes orientales. Ce qui est recherché, outre les épices de valeur ou les produits agricoles, c'est l'accès privilégié à ce marché de consommation. En effet, la vente de produits pour les colonies est fondamentale pour financer les achats progressifs d'épices et de produits agricoles qui sont essentiels au ravitaillement de la demande progressive anglaise[26]. Dès lors, se sont constitués, comme on le verra ci-dessous, de véritables monopoles d'importation en faveur des grandes Compagnies des Indes. Mais le monopole de droit ne sert à rien si l'existence de la demande ne peut être garantie. Ainsi, les colonisateurs anglais et hollandais avaient besoin que les revenus internes aux colonies augmentent. C'est ainsi que les métropoles ont encouragé, de plus en plus, la formation de secteurs économiques indépendants dotés d'une vitalité propre (contrairement aux secteurs dépendants, typiques des économies latino-américaines et qui subsistent jusqu'à présent), notamment la petite et moyenne production agricole et industrielle. De la production et du commerce intra-régional de riz du XVIIe siècle jusqu'à la petite et moyenne manufacture urbaine du XIXe siècle, il existera toujours une certaine tolérance, voire un encouragement envers les secteurs économiques internes, à côté de l'activité commerciale principale d'importation et d'exportation.

Ces caractéristiques économiques, héritées de la période coloniale, contribuent à expliquer, en partie, la meilleure performance, en matière de croissance économique, des économies asiatiques de la fin du XXe siècle et du début du XXIe siècle (il convient cependant de remarquer que, comme on le verra par la suite, les limites structurelles au véritable développement, notamment la distribution de revenus, continuent d'être aussi importantes que dans le continent latino-américain).

Cette structure économique s'explique notamment par deux causes, qui trouvent leur origine dans la période coloniale. D'une part, il y a de meilleures conditions pour le développement du marché interne, notamment dans les secteurs économiques qui ne sont pas liés aux monopoles exportateurs. D'autre part, l'importance des monopoles internes dans le processus économique est moindre. Comme on le verra, les grandes entreprises qui se sont établies dans ces pays ont surtout été, à partir de la seconde moitié du XIXe siècle, des entreprises étrangères, notamment dans le secteur de la « plantation ». Une fois la décolonisation engagée, à partir de la fin de la Seconde Guerre mondiale, les États nationaux asiatiques, plus libres que ceux d'Amérique latine à l'égard des conceptions de l'ordre économique privé, disposaient d'une plus grande autonomie pour influencer l'organisation industrielle. Il est toutefois évident que cela a tardé à se produire et l'héritage de la période de la colonisation industrielle sera encore très fort pendant longtemps.

En Amérique latine, c'est le contraire qui se produit, comme on l'a déjà vu. Les monopoles d'exportation agricoles se transforment en monopoles industriels. Ils maintiennent l'économie et l'État sous une domination absolue. Puisqu'ils dépendent des prix des produits exportés, il n'y a pas de formation de cercles vertueux créateurs de revenus et d'investissements. Même lorsque cela se produit, l'effet est limité aux secteurs exportateurs, n'ayant pas d'effets dans d'autres secteurs. En conséquence, l'incitation à la formation d'un marché de consommation est faible.

26. Cf. R. Brenner, *Merchants and Revolution — commercial change, political conflict and London's Overseas Traders, 1550-1653, op. cit.*, pp. 28 et ss.

Cette politique a des effets économiques et sociaux : par le biais des monopoles, un surcoût est supporté par la population, soit directement par le paiement de prix supra-concurrentiels de produits, soit indirectement par le chômage qui est le résultat des grandes concentrations économiques. Cette exclusion du processus économique s'accompagne paradoxalement d'une accumulation des capitaux : famine et abondance coexistent dans les villes. Par ailleurs, les processus de croissance, même lorsqu'ils sont accélérés, se montrent bien moins dynamiques à long terme qu'en Asie. L'absence de marché interne et la domination (historique) de l'État par les intérêts des monopoles conduisent à un moindre dynamisme de la part des secteurs industriels et à une absence de capacité ou de volonté de l'État à intervenir dans l'organisation industrielle privée.

SECTION 3

STRUCTURATION DES MONOPOLES ET LES MARCHÉS INTERNES DES COLONIES

Il est nécessaire d'analyser l'autre aspect du système colonial dans le cadre de l'étude de la position qui est ici présentée de l'histoire économique des pays sous-développés. Il s'agit de la façon dont se définissaient les structures internes d'organisation économique afin de permettre le fonctionnement du système et l'exploitation coloniale par les monopoles[27].

Il est intéressant d'observer que, puisque les formes d'exploitation du surcoût sont différentes, les formes d'organisation économique interne dans les colonies d'Amérique latine et d'Asie le seront également. En Amérique latine, la principale activité étant l'activité agricole, l'accumulation dépend de l'obtention d'une plus-value sur le capital investi. Ainsi, la forme d'appropriation des excédents du capital investi est fondamentale; ce qui explique la relation intime entre le régime monopolistique d'un côté et l'esclavage de l'autre. Ce dernier permettait l'expansion du surcoût monopoliste en dehors du marché de consommation.

La situation est en revanche différente en Asie. L'activité coloniale étant surtout commerciale, la plus-value doit être obtenue grâce au commerce. Ainsi, c'est à

27. Il est très difficile de séparer, comme le prétendait Marx, les structures économiques des structures juridiques. Il existe des liens importants entre ces structures. Durant la période coloniale, la cause de ces liens est surtout de nature économique, notamment dans les colonies. Des institutions juridiques comme l'*encomienda* en Amérique latine ou le *dandi* en Asie constituent des réponses juridiques immédiates à des besoins économiques urgents. Toute la période de formation du capitalisme, qui va de la période coloniale à la fin de la Révolution industrielle se caractérise donc par cela. Pendant cette période, le système économique ne cesse d'évoluer de façon continue et le droit finit par s'y adapter (conformément à la théorie marxiste). Cependant, il n'en sera pas toujours ainsi. À partir de la seconde moitié du XXe siècle, le droit endosse une autre fonction. En effet, lorsque le système capitaliste s'implante dans les démocraties occidentales, le droit devient un élément de stabilisation du système économique au lieu d'être un instrument de transformation des modes de production. Le droit exercera alors une plus grande influence sur la configuration économique de la société et paradoxalement, cette influence sera plus importante qu'autrefois. L'idée de structuralisme juridique devient dès lors intéressante.

travers l'organisation du commerce que les monopoles structureront l'exploitation coloniale.

§1. Les monopoles d'importation des économies esclavagistes

Depuis les débuts de la colonisation, le trafic d'esclaves constitue la principale activité d'importations des colonies d'Amérique[28].

Il convient dès le départ de réfuter les théories qui considèrent que l'esclavagisme est presque une conséquence technique naturelle de l'économie sucrière[29]. Ces théories, qui voyaient dans le cycle de la canne à sucre la création d'un quasi « déterminisme technique » expliquant le système capitaliste de la production de sucre, sont aujourd'hui dépassées. Dans de nombreuses régions et pendant une longue période, le sucre fut produit par de petites propriétés rurales qui produisaient de la canne à sucre et en fournissaient à des *engenhos* de propriété de coopérative de producteurs ou de l'État[30]. L'utilisation de la main-d'œuvre esclave et la domination des *latifúndios* sont le résultat d'une décision favorable à l'accumulation de la richesse par la concentration des propriétés des facteurs de production nécessaires à la production du sucre. Il s'agit donc d'un choix délibéré pour une production verticalement intégrée en régime de monopole.

Or, il n'est pas étonnant que ce type d'activité ait eu une série d'effets économiques et sociaux négatifs sur les économies des colonies productrices[31], dont un certain nombre a déjà été présenté dans notre historiographie économique. Du point de vue des structures économiques, toutefois, cela a conduit à deux résultats très clairs. En premier lieu, une grande et puissante classe de commerçants d'esclaves est apparue, laquelle, grâce à sa capacité financière et à son réseau de contacts et de distributeurs, a fini par contrôler tout le commerce des colonies. Puisque le ravitaillement des colonies s'effectuait entièrement de l'extérieur, notamment pour les produits manufacturés, les commerçants contrôlaient la demande à l'intérieur de ces pays. On voit dès lors apparaître une importante caractéristique des colonies latino-américaines qui influencera leur processus de (sous) développement jusqu'à aujourd'hui : la demande interne en tant que force d'impulsion autonome

28. Dans les années 1770, on estimait à plus de 18 millions de personnes la population esclave en Amérique (R. Blackburn, *The overthrow of colonial slavery*, New York, Verso, 2000, p. 5).

29. Cf. R. Davies, *The rise of the atlantic economies*, Ithaca, Cornell University Press, 1973, p. 257.

30. Cf. la révision critique de la littérature à ce sujet dans B. W. Higman, « The sugar revolution », *Economic history review*, 2000 n° 2, p. 213 (228).

31. Il convient de souligner que la *Sugar Revolution* est encore aujourd'hui considérée comme néfaste pour le marché de consommation des économies centrales de cette période, surtout en Angleterre, dans la mesure où elle a créé un nouveau type de consommation de biens superflus qui ne sont pas nécessairement bénéfiques pour la santé. La *Sugar Revolution* déterminera les caractéristiques de la consommation qui marquera la période de la Révolution industrielle jusqu'à aujourd'hui (S. W. Mintz, *Sweetness and power : the place of sucer in modern history*, New York, 1985, p. 214). Il s'agit de ce que l'on appelle aujourd'hui le consumérisme. En réalité, ce n'est pas la qualité intrinsèque du bien qui caractérise cette forme de consommation, mais l'existence presque d'une imposition au consommateur de désirs et de volontés. Cette particularité, spécifique à la forme monopoliste de production, caractérise de nos jours encore le marché de consommation.

des processus de développement aura tendance à être limitée. La nécessité d'une action externe sera constante. Dans les colonies esclavagistes d'Amérique centrale et du sud[32], les commerçants d'esclaves déterminaient la consommation, puisque c'étaient eux-mêmes qui choisissaient les produits à introduire à l'intérieur du pays.

Mais le trafic d'esclaves contribuait également à fragiliser les économies pour d'autres raisons. L'introduction d'esclaves était un élément important pour garantir l'absence de flux monétaires et de revenus dans les colonies. Le travail esclave étant la principale source de main-d'œuvre dans ces économies, il influençait le système économique. Outre le fait que l'esclavagisme ne produisait pas de revenu, il empêchait la formation de revenus dans d'autres secteurs dans la mesure où les grands *latifúndios* exportateurs utilisaient non seulement les esclaves pour l'activité agricole principale, mais également pour l'activité secondaire de soutien et de manutention des *engenhos*. Dans ces conditions, la demande de travail salarié urbain était limitée.

Un processus économique assez semblable, bien qu'avec des différences juridiques, s'est développé en Amérique espagnole. Il n'existait là-bas ni d'esclavages africains ni de commerce d'esclaves. Il existait une autre institution juridique différente, mais assez similaire dans ses effets économiques et sociaux[33] : l'*encomienda*, qui donnait à l'*encomendero* tous les droits d'utilisation du travail indigène. Il n'y avait pas de paiement de salaires, l'*encomendero* ne pourvoyait qu'à la subsistance. Ainsi, le système ne créait pas de revenus ni de demande interne. L'élément qui permet l'*encomienda* d'exister était la nécessité pour l'État espagnol de contrôler la colonisation privée[34], outre une plus grande disponibilité de la main-d'œuvre indigène plus qualifiée (pour les normes de l'époque) présente dans les tribus incas du Pérou et mayas du Mexique, qui étaient les principales zones des activités économiques d'extraction minière[35].

On peut ainsi remarquer une relation entre le travail esclave et le pouvoir monopolistique privé. Ce n'est pas un hasard si, en Amérique, le travail esclave se développait davantage dans les colonies où les monopoleurs privés avaient plus de pouvoirs[36]. Ce qui explique la grande difficulté qu'a représentée l'abolition de l'es-

32. En Amérique du Sud de colonisation espagnole, ce même processus se produisait hormis le trafic d'esclaves, le commerce étant contrôlé par des entrepreneurs espagnols installés là-bas.

33. Ce qui montre l'influence limitée des institutions dans le processus de développement des colonies comparée aux structures économiques.

34. En effet, l'indien *encomendado* devenait quasiment un bien accessoire, lié à la terre exploitée par son titulaire, colonisateur espagnol, qui devait assurer la sécurité de la région et de la population soumise. Pour d'autres aspects du système, cf. T. Yeager, « Encomienda or slavery? The Spanish crown's choice of labor organization in sixteenth century Spanish America », *Journal of Economic History*, vol. 55 (4), December 1995, pp. 842 et ss.

35. Comme l'historiographie le montre, l'indigène s'est faiblement opposé au travail servile dans ces secteurs car dans ces régions le colonisateur espagnol est entré en contact avec une grande population indigène déjà soumise à des institutions centralisées (les empires Inca et Maya) et habituée à produire un surplus économique au profit du groupe dominant, ce qui n'était pas le cas dans les autres régions dans lesquelles l'Espagne a dû mener une guerre de domination pendant plus de trois siècles (N. Wachtel, « The Indian and the Spanish conquest », *Cambridge History of Latin America*, vol. I, Cambridge, Cambridge University Press, 1984, p. 207, spéc. 237 et ss).

36. Cf. R. Blackburn, *The overthrow of colonial slavery*, *op. cit.*, p. 17, qui divise les pays entre ceux où il existe un plus grand contrôle de la métropole ou une plus grande liberté de la catégorie privée. En réalité, cette division

clavagisme (ou l'extinction de l'*encomienda*), surtout dans ces pays où les classes productrices agraires étaient très puissantes.

Cette dernière observation pourrait laisser penser que, une fois l'esclavagisme (ou l'*encomienda*) aboli, la structure économique des colonies pourrait être transformée. Ce ne fut pas le cas. En réalité, les économies se trouvaient en situation de monopole structurel si forte que l'abolition du travail esclave ne modifia pas le mode de production, et dans de nombreux cas, il renforça même les monopoles.

L'historiographie économique identifie trois causes possibles de l'abolition de l'esclavage. La première est tout simplement la transformation de l'esclave en un travailleur salarié, lorsqu'il n'était pas possible de le transférer vers une autre activité. Dans ces cas, le *latifundiário* dépensait, de manière générale, moins pour l'homme libre que pour l'esclave. Dans la mesure où parfois des indemnisations expressives étaient payées aux *latifundiários* pour la « propriété » qui leur avait été dessaisie, il en résultait une concentration de capitaux encore plus grande entre les mains des *latifundiários*[37].

La deuxième cause est liée à un transfert de revenus. Le revenu ne se déplaçait pas, comme le considèrent aujourd'hui certains auteurs, à l'extérieur ou dans le secteur industriel. En revanche, on observa un transfert de capitaux dans des secteurs déjà préparés au changement de la structure du travail. C'est notamment le cas des régions qui disposaient déjà de secteurs qui utilisaient le travail salarié et qui commencèrent à avoir plus de main-d'œuvre, ce qui diminua leur coût. Pour l'ex-esclave, le travailleur salarié, il n'y avait pas de modification importante de ses revenus, puisqu'avec l'offre abondante de main-d'œuvre, son salaire se maintenait à des niveaux suffisant juste pour survivre (comme dans les temps de l'esclavage).

Ce n'est que dans une troisième hypothèse, dans les régions où la terre était abondamment disponible pour des activités accessibles aux hommes libres, qu'est apparue une recherche de main-d'œuvre et, donc, la possibilité de transfert de revenus vers la masse salariée. Mais, même dans ces régions, comme l'affirme Furtado, le traumatisme provoqué par le travail esclave a eu pour conséquence que les hommes libres (les ex-esclaves) ont préféré maintenir leur niveau de salaire antérieur en diminuant leurs heures de travail. Il en a donc résulté une augmentation des heures de temps libre, sans augmentation du flux de revenus, ni création d'épargne, ce qui aurait été pourtant souhaitable pour les investissements[38].

---

n'est pas vraiment exacte. Il n'est pas nécessaire qu'il y ait peu de pouvoir ou peu de contrôle de la métropole. Il suffit que l'État soit contrôlé par les producteurs privés pour qu'il se mette à défendre vivement ses intérêts. Ce fut le cas au Brésil, où la présence et le contrôle de l'État était important mais la déclaration d'abolition de l'esclavagisme a été l'une des dernières en Amérique. Cela s'explique par le pouvoir d'influence des grands agriculteurs sur la politique étatique (responsables de l'abdication du monarque Don Pedro Ier en 1831 en s'opposant à cette politique). Il est donc plus opportun de parler de pouvoir de la classe monopoliste, soit parce que le contrôle ou la présence de la métropole était assez limité, soit parce qu'elle contrôlait les intérêts étatiques.

37. Le cas de la libération des esclaves en *Antigua* est célèbre (C. Furtado, *Formação econômica do Brasil*, *op. cit.*, p. 145, note 124). Cette situation s'est aussi produite au Nord-est du Brésil, où la majorité des esclaves libérés, mais sans emploi, a continué à travailler dans les *engenhos*.

38. Cf. C. Furtado, *Formação econômica do Brasil*, *op. cit.*, pp. 147 et ss.

L'économie monopoliste/esclavagiste a ainsi limité la formation d'une demande et les flux de revenus dans les économies dépendantes, ce qui a rendu extrêmement difficile leur développement économique. Les régions latino-américaines où la présence des esclaves ou des indiens *encomendados* a été moins importante, et où il y a eu la nécessité d'abolir le monopole d'importation de la métropole pour garantir la subsistance des régions d'exploitation, ont été celles qui ont le plus développé leur marché interne, avec des effets positifs sur le développement économique durant la période industrielle. C'est ce qui s'est notamment produit au Chili et en Argentine, pays bénéficiant du commerce intra-régional, qui ont longtemps été des régions fournissant des moyens de subsistance aux régions d'Amérique espagnole où se faisait l'extraction minière (Pérou, Colombie). Le régime de l'*encomienda* n'y existait pas, puisqu'il ne s'agissait pas de régions d'exploitation très importantes pour les Espagnols (comme le Pérou et Mexique).

Bien que dans ces régions septentrionales d'Amérique espagnole, le degré de monopolisation en zone rurale ait été important (ce qui a rendu difficile le développement de la richesse et la formation de la demande interne), un commerce interrégional florissant s'est créé pendant un certain temps, y compris un commerce de manufactures de faible valeur, ouvrant la voie au flux de revenus et de richesse dans les régions productrices de ces marchandises.

§2. L'insertion des monopoles privés dans les économies asiatiques grâce à la Compagnie des Indes

Le cadre général des économies d'Amérique latine durant la période coloniale est celui d'un monopole d'État dirigé par ce dernier, fortement fondé sur le système esclavagiste. Les objectifs du monopole se confondent avec les objectifs des métropoles à cette époque, c'est-à-dire l'expansion territoriale.

Ce n'est pas le cas en Asie. Le monopole, exercé par les différentes *Trade Companies* coloniales, est éminemment privé, et son caractère est majoritairement commercial. C'était en effet aussi bien dans l'intérêt de la compagnie que de celui de l'Angleterre et des Pays-Bas (principales puissances commerciales du Nord de l'Europe), du XVIe au XVIIIe siècle. Le monopole ne se fondait ni sur la propriété de la terre, ni sur la propriété d'esclaves.

Ce sont là des différences importantes, avec des conséquences considérables pour la colonisation. L'investissement en capital fixe étant faible (terre et esclaves), il y avait une plus grande mobilité géographique et de produits (c'est-à-dire une plus grande possibilité de substitution géographique et de produits).

Ces observations pourraient laisser croire que le monopole serait plus faible ou presque inexistant dans ces régions, face aux alternatives géographiques et de produits. Il est difficile de contester cette idée, qui ne s'applique pourtant pas aux économies que nous allons désormais analyser.

Les alternatives d'investissement, lorsqu'elles ont existé, concernaient les métropoles. Le caractère commercial et non exigeant en capital fixe[39] de l'activité permettait une substitution rapide des matières premières exportées vers l'Europe. Cette substitution était toujours ordonnée par les monopoleurs. Leur pouvoir leur permettait en outre de contrôler la formation du goût concernant les épices sur le marché européen : d'abord le sucre, ensuite le café et le thé, etc.

On observe au contraire, dans les colonies, l'apparition d'une structure monopolistique au niveau des régions, en vue d'une domination et d'une formation de profits extraordinaires. Ce phénomène a suivi en Asie, pendant les XVIIe et XVIIIe siècles, deux logiques distinctes qu'il convient d'étudier.

En premier lieu, il est important de comprendre que la colonisation la plus longue d'Asie à laquelle on se réfère ici est celle des grandes puissances commerciales européennes de l'époque, les Pays-Bas et l'Angleterre. Nous ne nous référerons pas aux colonisations espagnole et portugaise, fondées sur l'occupation territoriale et déjà en déclin en Asie au début du XVIIe siècle, remplacées par les colonisateurs hollandais et anglais.

Pour ces derniers, la colonisation n'obéissait pas à une logique territoriale, mais commerciale. Il existe aussi une nette différence entre la forme hollandaise de colonisation et la variante anglaise, bien que toutes les deux aient été réalisées via des entreprises coloniales.

Il convient de mettre en évidence cette différence dans la mesure où ces variantes permettent de clarifier la logique monopoliste ainsi que les grandes difficultés créées par le système.

À partir du milieu du XVIe siècle, la colonisation hollandaise, concentrée dans le Sud-est asiatique (surtout Jakarta et Java), a connu une intense concurrence entre des groupes de commerçants de différentes villes en raison du commerce lucratif de la région. La colonisation était alors typiquement commerciale, avec des flottes de navires faisant régulièrement des allers-retours. Dans la mesure où il manquait des produits, qui étaient contrôlés par des élites locales, ce système de « libre commerce » a eu pour effet d'augmenter les prix et la concentration des profits entre les mains des commerçants natifs.

Après de nombreuses années de revenus en baisse et de pertes, et après de longues discussions, les commerçants hollandais arrivèrent à un accord, en se constituant en une seule compagnie, la *Dutch East India Company*, dotée du privilège royal (le 20 mars 1602) et du monopole de droit d'exploiter les colonies asiatiques[40]. En réalité, il s'agissait d'une coopération institutionnalisée ; en effet, tous les commerçants en étaient devenus actionnaires, ils organisaient et se répartissaient entre eux les régions et se partageaient les profits.

---

39. En effet, la Compagnie anglaise des Indes orientales et les autres ont fait d'importants investissements fixes dans les ports anglais, dans les navires et les installations commerciales des colonies, mais celles-ci servaient principalement d'entrepôts commerciaux, pour le commerce de marchandises et avec les différentes régions d'Asie (N. Tarling, « The establishment of the colonial regime », *Cambridge History of Southeast Asia*, Cambridge, Cambridge University Press, 1992, vol. 2 p. 9).

40. Cf. G. Maselman, « Dutch Colonial Policy in the Seventeenth Century », *The journal of economic history*, n° 4 (December 1961), vol. 21, p. 455 (459).

Néanmoins, le monopole n'était pas encore garanti. Les droits octroyés protégeaient la *Dutch East India Company* contre la concurrence interne hollandaise, mais rien ne pouvait la protéger vis-à-vis des autres pays. Les mers du Sud-est asiatique constituaient à cette occasion une cible d'intense concurrence avec l'Espagne, le Portugal et surtout l'Angleterre, puissance émergente à ce moment. La réponse à ce problème exigeait un abandon de la philosophie purement commerciale, efficace jusqu'alors. Il était nécessaire que l'entreprise colonisatrice s'établisse dans des ports de la région, en construisant des entrepôts et des fortifications et en signant des accords avec les chefs locaux. Autrement dit, il fallait s'insérer davantage dans l'économie et la société de la région, voire avoir une influence sur le pouvoir politique, pour que le monopole soit assuré. En outre, il était indispensable de garantir la souveraineté par des moyens belliqueux, lorsqu'il le fallait. C'est ce que l'on appelle la politique de *trade and war*[41].

À partir de 1619, les Hollandais ont établi leur souveraineté et leur domination dans le Sud-est asiatique après de nombreuses batailles contre les Anglais. La politique coloniale hollandaise qui s'y est établie et qui a duré tout au long du XVIIe siècle, période de prééminence hollandaise dans la région, a été de plus en plus fondée sur la domination territoriale et sur l'exploitation du trafic inter-asiatique, outre les exportations pour l'Europe. Pour ce faire, des possessions ont été établies, délocalisant les populations espagnole et portugaise en Chine et au Japon. Le point le plus important de cette exploitation monopoliste, qui a été en bonne partie la cause de sa propre décadence et celle de la domination des Anglais à partir du début du XVIIIe siècle, est le fait que la *Dutch East India* interdisait à ses agents, y compris ceux établis dans les possessions, de réaliser tout type de commerce. Il n'y avait pas de formation de revenus et les colons ne se fixaient donc pas dans la région. Cela a fragilisé leurs liens avec la population et l'économie locale. À partir de la fin du XVIIe siècle, les possessions hollandaises du Sud-est asiatique se limitaient à Java et Jakarta. La fragilité des liens commerciaux, outre la décadence des Pays-Bas en tant que puissance coloniale, a provoqué en 1820, dans les quelques colonies restantes, la substitution du monopole de la *Dutch East India* par le monopole d'État[42], avec l'utilisation du système de plantation, suivant les modèles des colonies portugaises et espagnoles d'Amérique.

La colonisation hollandaise en Asie est alors caractérisée par le développement progressif du monopole dans la société, permettant la constitution de profits extraordinaires, allant même jusqu'à se transformer en une véritable occupation territoriale. Ce développement progressif des monopoles dans l'appareil étatique s'accompagnera aussi d'une décadence économique progressive des régions colonisées dans le Sud-est de l'Asie. Le parallélisme n'est pas fortuit. En effet, l'absence de formation de revenus dans les secteurs extérieurs au monopole est le résultat naturel du fonctionnement des monopoles, notamment dans les économies coloniales. La différence réside, en principe, seulement dans le degré et dans l'étendue de réalisation des profits.

41. Cf. G. Maselman, « Dutch Colonial Policy in the Seventeenth Century », *op. cit.*, p. 460.

42. Cf. R. Elson, « International Commerce, the State and Society : Economic and Social Change », *Cambridge History of Southeast Asia*, Cambridge, Cambridge University Press, 1992, vol. 2, p. 131 (137).

Le système colonial anglais est différent du système hollandais par son étendue. Apparu plus tardivement, il a ainsi pris connaissance des problèmes qui ont conduit au déclin du système concurrent. Le XVIIIe siècle se caractérise en effet par ces événements, déclin d'un système et croissance d'un autre.

La différence ne se trouve pas dans la progression de la colonisation. Les Anglais, notamment pour prendre la place des Hollandais, ont dû progressivement s'insérer dans les affaires internes et transformer la colonisation commerciale en une colonisation territoriale[43]. Il s'agissait d'une condition essentielle pour la garantie du monopole. Le colonialisme anglais, même lorsqu'il était accompagné d'une occupation territoriale, a toujours entendu permettre la création de revenus pour ceux qui travaillaient avec ou pour le monopole. C'est notamment le cas en Inde, où il existait déjà un système social avec un certain degré d'organisation à travers les différentes castes, chacune responsable d'une activité sociale et économique en particulier.

Parce qu'ils ont peut-être appris des erreurs des colonisateurs précédents de la région (Portugais, Espagnols et Hollandais), les Anglais ne sont pas beaucoup intervenus dans cette organisation. En effet, l'objectif étant purement économique, le fait d'autoriser la population locale à exercer une activité pour se nourrir permettait d'occuper les territoires mais également de dominer les colonies avec le minimum de dépenses pour la métropole. En outre, cela a permis la libéralisation du commerce, à une période de crise de l'économie anglaise (à partir de 1813), du fait des taux d'inflation croissants liés à la situation de monopoleur de la part de la Compagnie des Indes orientales sur le marché anglais[44]. Les fondements d'une domination économique existaient déjà.

Il convient de souligner qu'il a toujours été important pour le monopoleur, ou du moins pour ses actionnaires (commerçants anglais), de développer les marchés des colonies asiatiques pour écouler leurs propres produits. Bien que le marché interne des colonies asiatiques n'ait pas joué un grand rôle dans la demande de produits manufacturés anglais[45], cet objectif a incité l'explorateur anglais à favo-

43. Cela s'est fait dans le cas anglais à travers la Compagnie anglaise des Indes orientales. Ce changement dans la nature de la colonisation, d'abord commerciale puis coloniale, est responsable de la croissante inefficacité — et de la corruption — à l'intérieur de la Compagnie anglaise des Indes orientales (C. H. Philips, *The East India Company 1784-1834*, Manchester, Manchester University Press, 1940, pp. 23 et ss.).

44. L'élimination du monopole visait à faciliter l'arrivée des commerçants des provinces anglaises dans un commerce lucratif qui, à cause de la Compagnie des Indes orientales, était dominé par les commerçants londoniens. Par ailleurs, cette rupture du monopole se justifiait politiquement en raison de la hausse des prix de plusieurs marchandises en Europe, provoquée notamment par le monopole de plusieurs produits et par la capacité importante de stockage de produits par la Compagnie des Indes orientales. La rupture du monopole n'a pas cependant été appliquée au commerce avec la Chine, et n'a pas non plus entraîné la suppression des restrictions à l'exportation de manufactures indiennes (A. Webster, « The political economy of trade liberalization : the East India Company Charter Act of 1813 », *Economic History Review* 1990, n° 3, p. 404 [412]).

45. Depuis le début de la colonisation, la Compagnie des Indes orientales a rencontré des difficultés pour introduire les produits anglais et européens en Asie, ce qui explique que pendant longtemps, elle ait du financer leurs achats avec des envois importants de métaux précieux (K. N. Chaudhuri, « The East India Company and the Export of Treasure in the Early Seventeenth Century », *The economic history review*, vol. XVI (1963-1964), pp. 23 et ss. ; K. N. Chaudhuri, « Treasure and trade balances : the East India Company's export trade, 1660-1720 », *The economic history review*, vol. XXI (1968), pp. 480 et ss.). Afin que ses achats soient moins

riser la formation interne et régionale de flux de revenus. Cette incitation a toujours été limitée et insuffisante : l'accès des produits des colonies (surtout manufacturés) au marché européen était limité et donc, le commerce demeura un commerce intra-régional asiatique. Même après l'abolition du monopole de la Compagnie des Indes orientales sur le commerce en 1813, des interdictions restèrent encore en vigueur, notamment celle consistant à ne pas envoyer des produits manufacturés indiens vers le marché européen. Ici encore, les effets de cette politique moins rigide ont toutefois été plus limités comparé à la situation économique créée par les monopoles coloniaux en Amérique latine.

Le commerce régional et interne de produits agricoles et manufacturés, notamment les tissus de laine et de coton, atteint des niveaux significatifs dans l'Inde du XVIIIe siècle par rapport à d'autres colonies asiatiques de l'époque. Malgré les divergences quant au degré et à la dimension de ce processus, les historiens affirment qu'il y avait des indices d'une intégration régionale et les prémices d'un marché national dès 1720 en Inde[46] et que, ne serait-ce l'occupation territoriale et la colonisation anglaise à partir du XIXe siècle, cela aurait probablement eu pour conséquence des niveaux de développement interne plus significatifs[47].

§3. Conclusion partielle : les monopoles et la structuration interne des marchés des colonies

Il est intéressant d'essayer de rassembler les idées, jusqu'alors dispersées, découlant de l'exposé historique fait ci-dessus pour la période coloniale.

En premier lieu, la manière dont les monopoles sont apparus dans les économies coloniales est assez claire. Deux politiques peuvent être identifiées et leur comparaison nous amène à d'importantes conclusions historiques.

La première politique consiste dans l'insertion du monopole dans l'appareil étatique. Cette politique fut mise en œuvre dès le début de la colonisation latino-américaine : le monopole était administré par la métropole et l'État colonial créé pour protéger les intérêts monopolistes.

Il convient de mettre en évidence une variante historique de cette politique, avec des effets économiques identiques, qu'est le système initialement fondé sur le simple échange commercial et qui évolue en un monopole commercial. Ce sys-

dépendants des métaux précieux, elle a essayé de créer une demande pour ses produits. Toutefois, les importations des produits par les colonies asiatiques sont toujours restées largement déficitaires par rapport aux exportations des produits indiens (R. Brenner, *Merchants and Revolution, op. cit.*, pp. 28 et ss. ; A. Webster, *The political economy of trade liberalization, op. cit.*, p. 405, qui retrace la méconnaissance de la réalité du commerce des commerçants des provinces, qui pensaient pouvoir faire de grandes exportations pour les colonies).

46. Cf. T Raychaudhuri, « The mid-eighteenth century background », *Cambridge Economic History of India*, Cambridge, Cambridge University Press, 1983, vol. 2, p. 3 (28).

47. Il n'existe pas de consensus dans la littérature économique sur ce sujet. C'est un débat difficile dans la mesure où il est impossible d'avoir des preuves historiques sur une hypothèse ou une autre — ce qui se serait produit si l'Inde était restée indépendante. Sur ce débat, cf. T Raychaudhuri, *The mid-eighteenth century background, op. cit.*, pp. 32 et ss.

tème, suivi par les Hollandais dans le Sud-est asiatique, exige, et ce afin d'obtenir des profits monopolistes, que l'entreprise monopoliste s'insère progressivement dans l'organisation sociale et qu'elle se constitue peu à peu en un véritable État, avec une intervention de la métropole. Cette dépendance réciproque entre l'État et le monopole privé contribue à la compréhension de la réalité économique et politique d'aujourd'hui.

Néanmoins, il existe une seconde politique monopoliste concernant les colonies. Il s'agit de la politique de domination économique qui a pour objectif principal des intérêts commerciaux et non territoriaux, au moins jusqu'au XIXe siècle. L'objectif central de cette politique de colonisation était de permettre la domination commerciale[48]. Pour ce faire, il était important d'avoir le contrôle de la production des profits dans le commerce et non de diriger de manière générale l'activité économique de la colonie. Toutefois, la constitution de profits extraordinaires était plus effective dans cette hypothèse grâce à la possibilité de formation de revenus par les fonctionnaires anglais de l'entreprise coloniale et grâce aux stratifications sociales dans les commerces et les manufactures locaux déjà établis.

Les deux systèmes ont rendu propice l'exploitation monopoliste. La différence réside peut-être dans leur étendue. Le système colonial latino-américain a été caractérisé par les trois formes de production de profits mentionnées ci-dessus. Allié à l'esclavage — son complément nécessaire —, ce système permettait la concentration des richesses dans trois relations différentes. Sur le marché du travail, la dépense du maître pour l'entretien de l'esclave représentait le minimum nécessaire pour sa subsistance.

L'espérance moyenne de vie extrêmement réduite des esclaves montre à quel point, outre l'exploitation maximale du travail, les dépenses de santé et d'alimentation étaient négligées, et ne permettaient pas de survivre. Comme l'affirme Blackburn, le prix relativement bon marché de l'esclave comparé à l'importante valeur de la marchandise qu'il produit est à l'origine de la logique économique inhumaine qu'était celle d'épuiser la vie de l'esclave en peu d'années de travail intense[49].

Le second secteur dans lequel il y avait réalisation de profits monopolistes était celui du marché de la consommation. Il est peut-être exagéré d'évoquer un marché

48. La dispute territoriale en Asie entre les puissances européennes, qui ont occupé les territoires à partir de 1870, est historiquement considérée comme une période coloniale. Ainsi, l'historiographie économique qualifie en règle générale cette période de disputes commerciales comme précoloniale en Asie.

49. Le texte de Blackburn sur ce sujet est significatif : « The low survival rate of Africans in much of the New World partly reflected the fact that they were concentrated in the tropical lowlands where disease took a heavy toll on all immigrants. But overwork, and the consequent neglect of subsistence, certainly helped to kill the slaves. At least two thirds of the Africans arriving in the New World were sent to sugar plantations. In the Caribbean and Brazil the sugar plantations regularly imposed a sixteen or even eighteen hour working day on the slaves ; there was nightwork in the mill, and, rain or shine, field work in the day during the long plantation and harvesting cycle. The slaves were given bare rations and expected to feed themselves by working for a day, or a day and a half, each week on plots given to them for the purpose [...]. The relative cheapness with which new captives could be bought form the slave merchants and the great value of slave produce — whether sugar or gold — gave a terrible commercial logic to the practice of using up the lives of the slaves in a few year of intense labor. And so long as slave crews were wracked by disease and overwork they found it difficult to resist their oppression collectively » (R. Blackburn, *The overthrow of colonial slavery*, *op. cit.*, p. 21).

de la consommation dans les colonies esclavagistes ou fondées sur le travail servile des Indiens, la consommation n'étant que le fait des grands *latifundiários* ou des *encomenderos*. Dans la mesure où les produits de consommation somptuaires étaient tous importés de la métropole, qui détenait le monopole de leur achat, les prix des produits étaient très élevés, avec pour conséquence qu'une part substantielle du revenu de l'exploitation agricole était transférée vers l'Europe[50]. La manufacture et l'activité artisanale dans les colonies ne pouvaient pas survivre, ce qui, en plus de leur porter préjudice, empêchait la formation de flux internes de revenus.

En définitive, ces systèmes, parce qu'ils ne créaient pas de flux de revenu, ont entraîné la création de secteurs économiques dominants et dépendants. De manière générale, les secteurs dominants empêchaient l'apparition d'autres secteurs dotés d'une dynamique propre, soit parce qu'ils ne créaient pas de revenu, soit parce qu'ils décourageaient l'investissement dans d'autres secteurs, car leurs bénéfices étaient très élevés. Cette logique monopolistique autarcique limitait la diversification sectorielle des investissements.

L'exception à cette règle concerne les régions qui n'intéressaient pas les colonisateurs et servaient seulement d'entrepôts commerciaux et agricoles pour la production et la distribution de produits pour les régions d'exploitation. Tel est le cas, et nous l'avons déjà mentionné, de l'Argentine et du Chili, qui produisaient et commercialisaient des aliments pour les régions minières du Pérou et de la Colombie. La possibilité de réaliser des revenus fut plus importante, tout comme la possibilité de diversifier les investissements, qui en est peut-être une conséquence.

Le système anglais de colonisation en Asie, fondé également sur le monopole, a permis de la même façon l'exploitation. Les marchandises européennes, dont la vente était monopolisée, atteignaient des valeurs d'échange qui étaient bien supérieures aux marchandises natives qui pouvaient être achetées dans divers entrepôts commerciaux locaux. En outre, à partir du XVIIIe siècle, époque de domination coloniale anglaise, il existait un monopsone de la part de la Compagnie des Indes orientales, ce qui accentuait les inégalités entre les échanges. Il y avait ainsi sur le marché de la consommation des conditions favorables pour la prise en charge de surcoût par les acheteurs locaux.

Sur le marché du travail, il existait aussi un surcoût qui était toutefois plus réduit. Le système économique indien, fondé sur la production par les castes, créait des inégalités mais produisait des revenus au moins dans les villes. L'appauvrissement le plus important se trouvait dans les secteurs agricoles de première nécessité et, plus tard, dans les secteurs agricoles salariés dépendants des grandes plantations.

Durant la période coloniale commerciale, qui dura jusqu'à la fin du XVIIIe siècle, les autres secteurs économiques n'ont pas été totalement asphyxiés. Au contraire, les Anglais ont trouvé en Inde des manufactures régionales et un commerce intrarégional assez développé qu'ils chercheront à protéger. Ils trouvaient un intérêt

---

50. Pour la situation brésilienne, cf. C. Furtado, *Formação econômica do Brasil*, *op. cit.*, pp. 53 et ss., qui explique comment toutes les dépenses liées aux facteurs de production et une partie substantielle des dépenses de consommation, surtout somptuaires, étaient transférées à l'étranger.

pour la formation de revenus et pour l'existence de secteurs indépendants qui engendraient des revenus et créaient une demande de produits indiens et même anglais. Comme nous l'avons déjà vu (Section 2, §2), un début de marché interne est ainsi apparu, ce qui a facilité et anticipé la phase postérieure que fut celle de l'industrialisation.

Section 4
La structure sociale des colonies monopolisées

Cette structure économique produit bien entendu des effets sociaux, qui sont différents dans chaque pays et dans chaque région. Des facteurs raciaux, culturels et religieux influencent de manière déterminante la société civile.

Il est néanmoins possible de mettre en évidence certaines caractéristiques communes. La première et la plus importante de ces caractéristiques est l'absence de mobilité sociale.

Le monopole, étatique ou de grandes entreprises coloniales, organisé autour d'activités d'exploitation commerciale ou agricole et d'autres activités complémentaires, place de nombreuses personnes sous un lien de subordination à de grandes structures économiques. Lorsque ce système est entré en déclin, ces personnes n'ont comme alternative que de travailler pour les nouvelles activités dominantes[51].

Par ailleurs, ce système, comme on l'a déjà relevé, rend extrêmement difficile la constitution d'un marché interne. Les flux de revenus externes aux activités principales n'existent pas et donc la demande interne ne peut pas se développer. Même ces activités engendrent un revenu, surtout, pour l'extérieur.

Il ressort de cette combinaison de facteurs que la promotion à l'entrepreneuriat est limitée. Les principales activités exportatrices, génératrices de profits, sont monopolisées par la métropole et contrôlées par l'oligarchie liée à celle-ci. Produire pour le marché interne n'est pas envisageable, puisque là aussi la métropole monopolise les importations, allant souvent jusqu'à interdire aux nationaux toute activité de production, comme ce fut le cas au Brésil. Ainsi, le manque de dynamisme du marché interne ne favorise pas les entreprises de fabrication de nouveaux produits.

La seule alternative possible à l'absence de mobilité sociale passe alors par l'éducation, au moins technique. Mais cette solution n'existait pas pour le travailleur servile (esclave ou indigène) et ne concernait que les classes urbaines. Cependant,

51. Au Brésil, ce phénomène s'explique par la pauvreté importante dans les régions où se sont développés les cycles économiques objets de monopole colonial. Pour une étude économétrique à ce propos, avec un fort degré de corrélation, cf. C. Salomão Filho, B. Ferrão, I. Ribeiro, *Concentração estruturas e desigualade, op. cit.*

eu égard à son coût élevé (puisque l'éducation devait se faire le plus souvent en Europe), cette solution n'était en fait envisageable que par les membres de l'oligarchie.

Sans éducation, l'ascension sociale était illusoire et, par conséquent il n'était pas possible d'augmenter les revenus. Sans création de revenu interne, la formation d'une classe moyenne solide ayant un accès à l'information et à l'éducation était impossible.

Il est vrai que dans certains pays asiatiques, il existait une certaine tolérance à l'égard des petites entreprises, notamment dans les centres urbains et au niveau du commerce intra-régional, mais ces activités étaient sans conséquence pour la majorité de la population, qui se trouvait en zone rurale et s'occupait des fonctions dépourvues de dynamisme (non liées au commerce) ou bien dévouées à l'agriculture de subsistance.

La société est ainsi divisée en deux classes opposées, sans structures intermédiaires. Comme on le verra en étudiant l'industrialisation, cette particularité limite le développement industriel. En raison du manque de main-d'œuvre technique plus ou moins qualifiée, il a été nécessaire d'importer de la main-d'œuvre dès le début du processus d'industrialisation. En conséquence, les travailleurs serviles sont devenus sans emploi, ce qui a engendré une pauvreté importante près des centres urbains en voie de développement. En outre, cet excès de main-d'œuvre a réduit les coûts du travail et engendré, par un cercle vicieux, la baisse du salaire réel.

Il convient de relever une autre particularité du système, qui d'une certaine façon découle de la première : l'absence ou la faible importance de la petite propriété agricole. Une exploitation économique fondée sur le binôme *latifúndio*-travail esclave (ou servile) ne peut cohabiter avec la petite propriété agricole, ni avec le travail salarié indépendant. Le travail esclave avilit le travail, le déprécie aux yeux du travailleur salarié lui-même. Ainsi, dans les grandes exploitations agricoles de café brésiliennes, la cohabitation entre le travailleur salarié et l'esclave est devenue impossible, ce qui a découragé l'immigration européenne[52]. Cela correspond aussi en partie à la problématique du conflit qui séparait le Nord et le Sud des États-Unis d'Amérique à la veille de la guerre civile américaine de 1861. Les colons du Nord voulaient conquérir les nouvelles terres de l'Ouest et y instituer le système de la petite propriété et du travail libre. Les sudistes, quant à eux, souhaitaient que les États de l'Ouest pratiquassent l'esclavagisme.

Les quelques colonies composées de petites propriétés et du travail libre ont pu se développer par la suite. C'est non seulement le cas de l'Ouest américain mais aussi du Sud brésilien, qui présente aujourd'hui des taux de développement et de distribution de revenus supérieurs à la moyenne nationale. Le lien entre ces deux événements historiques est incontestable et il n'est pas nécessaire de relancer le débat sur la dichotomie entre petite et grande entreprise pour le mettre en évi-

52. C. Prado Junior (*História Econômica do Brasil*, São Paulo, Editora Brasiliense, 1976, p. 187) évoque ce facteur outre l'absence de considération des propriétaires envers les immigrés, liée à leur manque de respect habituel envers les esclaves.

dence. Il suffit d'observer que, notamment lors de la formation des systèmes économiques, l'existence de la demande, et donc, de revenus pour la population, est importante. La formation d'un système fondé initialement sur le travail libre, dans les petites propriétés et dans les petites entreprises agricoles est essentielle dans la mesure où elle produit des revenus pour les classes moyennes de la population, même s'il est vrai qu'il y a eu après un processus de concentration de la propriété agricole. Dotée d'une capacité économique, ces classes ont eu accès à l'éducation et leurs descendants à l'éducation, constituant un contingent supplémentaire de main-d'œuvre qualifiée dans les zones rurales ou urbaines.

§1. Rigidité sociale et économique dans les colonies latino-américaines

En Amérique latine, la structure économique décrite ci-dessus devient plus évidente du fait des différences ethniques. Le colonisateur blanc était un seigneur *latifundiário* et l'indien ou l'esclave, son serf.

La principale caractéristique sociale de la colonisation d'Amérique latine est sans doute cette différence ethnique et sa diffusion dans les structures économiques, créant ainsi un cadre où les préjugés économiques et ethniques sont difficilement dissociables.

Dans certaines régions, cette structure sociale hiérarchisée était déjà constituée lors de la conquête européenne. Tel est le cas des régions du Mexique et du Pérou où il existait déjà une structure sociale verticale. Le conquérant espagnol, une fois les empires Maya et Inca effondrés, n'a eu qu'à occuper le dessus de la pyramide. Ce n'est d'ailleurs pas un hasard si ces régions sont précisément celles où le colonisateur européen a eu le moins de difficulté à utiliser la main-d'œuvre indigène, déjà habituée à produire un excédent pour autrui[53].

Dans d'autres régions, la hiérarchisation est née de l'introduction du travail esclave. L'esclave, dépossédé de tout droit, était la base de la pyramide sociale. Par ailleurs, la forme de structuration du travail et de production d'excédent privait cet esclave de toute perspective concrète même lorsqu'il était libéré ou lorsque l'esclavage fut aboli. L'accès difficile à la terre, à l'éducation ou aux moyens de production de revenus rendait le travailleur, servile ou esclave, constamment dépendant.

La norme sociale établie par cette relation entre concentration économique et travail servile est une caractéristique de l'histoire de ces pays. Les très mauvaises politiques de redistribution des revenus n'ont pas limité la pauvreté métropolitaine, surtout pour les descendants du travailleur servile, noir ou indien. Il n'y a

53. Cf. M. Macleod, « Aspects of the internal economy of colonial Spanish America : labour, taxation, distribution and exchange », *Cambridge History of Latin America*, Cambridge, Cambridge University Press, 1984, vol. II, p. 220 : « In complex stratified societies the invaders found existing conditions of slavery, servitude and tied labour. In may such cases they simply removed the apex of the social pyramid — the kings, royal houses and rulers of large régions — and then governed using approximately the same labour systems, with lesser Indian rulers such as village chiefs as administrators ».

depuis lors plus de distinction entre les discriminations économique et sociale, et l'une complète l'autre, marginalisant et rendant difficile l'ascension sociale d'une grande partie de la population de ces pays.

Cette absence de mobilité sociale s'est accompagnée aussi d'un manque de flexibilité de l'organisation industrielle. Le système de production coloniale a institué une rigidité économique qui a limité ultérieurement tout processus d'industrialisation. Dans le cas brésilien en particulier, l'économie des monopoles exportateurs a eu un impact considérable sur l'organisation industrielle. En effet, on peut relever en premier lieu le faible degré d'intégration économique. Comme les *latifúndios* exportateurs étaient des systèmes autarciques et spécialisés dans le commerce international, ils ne créaient pas de flux interrégionaux. Les transports et le commerce interrégional ne se sont pas développés. En second lieu, parce qu'ils satisfaisaient leurs propres besoins, les *latifúndios* exportateurs ne se souciaient pas de développer les sources d'énergie[54].

Ainsi, lorsque l'industrialisation commença, le pays s'est trouvé face à une structure économique à demi féodale caractérisée par peu d'échanges et une faible intégration économique nationale. Par voie de conséquence, l'industrialisation ne s'est pas effectuée de manière intégrée et n'a pas bien été répartie sur le territoire. Elle ne s'est concentrée que sur les régions où il y avait la plus grande accumulation de capital du fait de l'activité agricole (São Paulo au Brésil, par exemple). Cette particularité a engendré à son tour la constitution de mégalopoles industrielles avec son lot de pauvreté urbaine.

En Amérique espagnole, la situation est semblable, même si les caractéristiques géographiques sont différentes ainsi que les anciennes méthodes d'exploitation commerciales. Comme la première phase d'exploitation fut centrée sur l'activité minière dans des régions peu cultivables, un flux commercial entre les colonies du Sud (Argentine et Chili), fournissant des produits alimentaires et les colonies du Nord (principalement le Pérou), d'extraction minière, s'est développé, ce qui contribua à la création de revenus dans les colonies septentrionales. Toutefois, il ne s'agit pas de flux très élevés. Dans les régions minières, la politique d'exploitation autarcique et fermée a été également appliquée. Une fois le cycle minier terminé, à partir du milieu du XVIIe siècle, l'exploitation agricole, fondée sur le monopole exportateur et l'*encomienda*, dont les caractéristiques féodales, mises en évidence par l'historiographie économique[55], ont engendré une organisation économique assez semblable à celle existant au Brésil.

§2. Système de castes, commerce et pauvreté en Inde

La flexibilité relative du système commercial et colonial en Inde est une cause et une conséquence des conditions sociales particulières de ce pays.

54. Cf. C. Prado Junior, *História Econômica do Brasil*, *op. cit.*, pp. 257 et 258.
55. Cf. C. Furtado, *A Economia Latino-americana*, *op. cit.*, p. 29.

Le système indien des castes, d'origine très ancienne, est à la base de l'organisation sociale, mais aussi économique de ce pays. Les castes permettent de déterminer l'origine sociale de leurs membres et impliquent également une spécialisation extrême des fonctions économiques. Par exemple, pour la production d'un tissu de laine, la participation de membres issus de castes différentes était souvent nécessaire.

Cette division du travail améliore la qualité et la valeur de la production. Cette spécialisation, poussée à l'extrême, limite le troc ainsi que la capacité financière des travailleurs; ce qui renforce le pouvoir des commerçants indiens, qui s'accroît en fonction du développement du commerce national et interrégional. Ces commerçants se sont progressivement dotés d'une capacité financière, souvent avec l'aide de la Compagnie des Indes orientales.

Par le biais d'instruments financiers assez complexes pour l'époque, ces commerçants indiens dominèrent le petit artisanat et l'agriculture (de produits commercialisables et pas seulement de premières nécessités), en s'appropriant la plus-value de leur travail. C'est notamment les cas du *dandi*, instrument par lequel le commerçant concédait des prêts ou avançait la matière principale à l'artisan[56]. L'artisan était alors lié au commerçant et celui-ci détenait un monopole de fait sur la production future de l'artisan. Les grands commerçants avaient ainsi sous leur autorité des milliers d'artisans, par le biais du *dandi*.

De cette dépendance financière découlait un asservissement économique et de ce dernier, la possibilité de s'approprier la plus-value du travail; ce qui a conduit à ce que le système évolue assez rapidement vers le travail salarié.

On peut remarquer que cette structure de crédit et de commerce, relativement sophistiquée pour l'époque, existait dans un pays où une partie importante des paysans vivaient de l'agriculture de subsistance, et se trouvaient en situation d'extrême pauvreté. C'est une caractéristique commune des économies de l'Inde et de la Chine à l'époque de la colonisation commerciale, comme l'ont démontré certains auteurs.

Ces deux sociétés, d'origine ancienne et bien organisées, disposaient d'un secteur commercial de manufacture et de crédit sophistiqué qui coexistait avec un système d'agriculture rudimentaire[57] (encore majoritaire par rapport à la population active).

Ce secteur organisé a produit un certain niveau de revenus et donc, a formé un début de marché, ce qui a été plus tard un facteur important du développement des industries. Par ailleurs, le fait qu'une grande partie de la population travaillait dans le domaine agricole n'aura pas été sans conséquences sociales. La famine du Bengale de 1943, avec ses 2 à 4 millions de personnes décédées, a eu pour principales victimes les travailleurs agricoles salariés. Selon la théorie des *entitlements* de

56. Cf. T. Raychaudhuri, *The mid-eighteenth century background*, *op. cit.*, p. 23.

57. T Raychaudhuri, *The mid-eighteenth century background*, *op. cit.*, p. 35, qui souligne les principales similitudes entre les économies de l'époque : « The essential similarity consisted in one point : both were traditional agrarian economies with dominant subsistence sectors co-existing and partly interacting with a complex and sophisticated world of commerce, manufactures and credit ».

M. Amartya Sen, ce drame s'explique par la perte du pouvoir d'échanges des travailleurs[58].

Cette explication est cohérente avec notre analyse historique, surtout si on y ajoute une autre information. En effet, la classe des agriculteurs de base a été la moins touchée (18 %), avec un pourcentage plus faible que celui des artisans urbains, parce qu'ils pouvaient subvenir à leurs propres besoins en nourriture (un *entitlement* spécifique). Ces agriculteurs ont donc été moins touchés. Le secteur le plus touché a été celui des travailleurs salariés agricoles, un secteur qui devenait de plus en plus concentré[59]. Pour les salariés, les conséquences de la baisse des salaires par rapport au prix du riz (principale source calorifique de la population à l'époque) ont été dramatiques.

§3. Les différentes formes de pauvreté en Amérique latine et en Asie comme conséquence des différences coloniales

Les différentes expériences coloniales ont sans doute eu ultérieurement une influence sur le développement économique des respectives régions même si elles n'en sont pas la seule explication. Il existe en effet des différences entre les formes de pauvreté et de développement de ces pays, en lien avec les aspects du sous-développement déjà présentés. Ce lien conforte la thèse selon laquelle les structures économiques constituées pendant la colonisation et qui se sont perpétuées ont une influence sur ces économies et sur leur développement à venir.

En Asie (comme en Afrique), d'importantes famines ont eu lieu au XXe siècle. Il s'agit, sans doute, d'une conséquence tragique d'un système économique qui, pendant des siècles de colonisation commerciale, a protégé un secteur commercial dynamique au détriment d'un secteur agricole appauvri essentiellement limité à la production de denrées alimentaires de première nécessité. L'importance de la culture du riz au Bangladesh et en Inde s'explique par l'exclusion de la majorité de la population du processus de la colonisation commerciale et par l'incapacité du système agricole à absorber la main-d'œuvre excédentaire.

58. Cf. A. Sen, *Poverty and famines — an essay on entitlement and deprivation*, Oxford, Clarendon Press, 1981, pp. 75 et ss. Il s'agit là d'un problème de capacité (*entitlement*) d'échange. Il n'y a pas eu de réduction substantielle de l'offre, mais plutôt une réduction de la capacité d'échange. Il est intéressant de noter que les travailleurs salariés agricoles (52 %) ont été plus touchés que les salariés urbains (35 %) et les agriculteurs pauvres et métayers (*sharecroppers*) qui travaillent moyennant une rémunération en espèces dans les plantations de riz (dans l'ensemble seulement 18 %). Pour les données, cf. p. 73. La relation de troc salaire contre riz s'est détériorée en leur défaveur, car ils étaient également les sujets des structures les plus concentrées de pouvoir à l'époque.

59. Avec l'abolition du monopole commercial de la Compagnie des Indes orientales en 1813, s'ouvre une période de plus grande concentration agricole en Inde. Le maintien des règles restrictives en matière d'exportation des manufactures indiennes par le *Charter Act* de 1813 et l'évolution technologique de l'industrie textile européenne, ont engendré le déclin des manufactures indiennes. Les capitaux anglais, avec l'aide des politiques favorables du gouvernement anglais, ont alors financé la culture du coton et d'autres produits primaires nécessaires à l'industrie anglaise. Les fondements du développement industriel de l'Inde de la fin du XVIIIe siècle se sont effondrés. Pour les données sur la transformation économique de la période, cf. K. N. Chaudhuri, « Foreign trade and Balance of Payments », *Cambridge Economic History of India*, Cambridge, Cambridge University Press, 1983, vol. 2, p. 804, spéc. p. 841 et ss.

Du fait de cette situation structurelle, au XXe siècle, les plus grandes famines au monde ont eu lieu en Asie (en Inde en 1943 et au Bangladesh en 1974)[60]. C'est la population agricole qui a le plus souffert dans la mesure où elle représentait la partie de la population la plus marginalisée.

En Amérique latine, les différences sociales étaient certes très importantes, du fait du travail esclave et servile, mais la pauvreté absolue était plus limitée qu'en Asie durant la période coloniale. Le seigneur devait veiller à la subsistance de son esclave comme l'*encomendero* veillait à la subsistance de l'*encomendado*. La pauvreté absolue est un phénomène du XXe siècle. Ce n'est qu'à la suite du déclin des économies agricole et minière que cette pauvreté est apparue et que les grandes masses marginalisées d'hommes libérés et salariés des zones rurales ont abandonné leurs activités pour aller vivre en ville. C'est la raison pour laquelle en Amérique latine la pauvreté absolue a été, au XXe siècle et ce jusqu'aux années 1990, un phénomène plus urbain que rural[61]. Dans la mesure où l'agriculture et l'exploitation minière ont été substituées par l'industrie devenue le moteur de l'économie, tandis que la propriété agricole restait détenue entre les mains de quelques personnes, les travailleurs se sont déplacés vers les villes. La pauvreté y est endémique et importante.

La pauvreté accompagne donc les cycles économiques et les structures économiques dominantes en Amérique latine. En Asie en revanche, la pauvreté est plus proche de l'abandon, i.e. des populations rurales « oubliées » par le procès de colonisations et par les structures économiques dominantes.

Par ailleurs, comme nous l'avons déjà vu, la grande liberté laissée aux petites manufactures dans les villes et centres industriels spécialisés dans des activités secondaires pour les économies industrialisées et les explorateurs coloniaux, a conduit au fait que le secteur intermédiaire de l'économie est plus important et plus dynamique dans les pays d'Asie qu'en Amérique latine. L'époque du commerce colonial en Asie se caractérise par des économies moins concentrées que les économies latino-américaines et qui sont dotées d'un marché national en construction, même si paradoxalement la pauvreté y est plus importante.

§4. L'économie coloniale et le début du sous-développement

La recherche et l'étude historiques des relations causales permettent de donner des explications, tout en n'excluant pas d'autres systèmes d'éclaircissements.

Une relation linéaire peut ici être mise en évidence. La soumission des colonies aux intérêts des métropoles procède du système monopoliste. Il s'agit de la

60. Cf. A. Sen, *Poverty and famines*, *op. cit.*, pp. 73 et 132.

61. Il n'est bien sûr pas question de négliger les grandes famines et les pénuries qui se produisent dans des régions soumises en permanence à des difficultés climatiques, comme au Nord-est du Brésil. C'est en effet à cause du climat, comme en Afrique, que les possibilités de troc (*exchange entitlements*) entre les individus sont plus limitées. Néanmoins, cette pauvreté a entraîné, à partir des années 1970, de grands flux migratoires vers les États du Sud-est, ce qui accroît les zones de pauvreté dans les pôles urbains industriels.

méthode d'organisation la plus efficace pour retirer la valeur ajoutée de l'économie coloniale, puisqu'elle permet sa perception à trois niveaux différents : au niveau des consommateurs (européens et coloniaux en ce qui concerne les produits de luxe) ; au niveau des travailleurs (esclaves, serviles ou même salariés), voire dans d'autres secteurs dépendants ou spécialisés dans la production de denrées alimentaires de première nécessité.

C'est ainsi que les monopoles se sont établis et organisés dans les économies coloniales. La méthode d'organisation diffère selon l'intérêt qui domine en métropole, qu'il s'agisse d'un intérêt agricole, minier ou commercial. Dans les deux premiers cas, l'organisation est fondée sur l'utilisation du travail esclave ou servile tandis que dans le dernier cas sur le monopole progressif du trafic commercial, ainsi que sur la petite production manufacturière ou commerciale.

L'importance de ces intérêts et leur méthode d'organisation sont à l'origine d'une asphyxie économique absolue des colonies : dans les économies latino-américaines, il n'y a pas de secteurs dynamiques autres que ceux des exportateurs ; tandis que les économies asiatiques — ces secteurs existent — doivent faire face à une grande masse de travailleurs prolétaires (surtout rurales) vivant le plus souvent dans des conditions misérables.

La structure sociale qui en découle est aussi rigide que la structure économique. Les possibilités d'ascension pour les travailleurs ou descendants des esclaves sont quasiment nulles.

Cette situation perturbe le jeu de l'économie : il n'existe pas de demande interne capable de produire de l'offre ; même lorsqu'il y a une demande, elle n'est pas dynamique mais uniquement limitée aux biens de première nécessité. L'industrialisation est faible et désordonnée. Il n'y a de dynamisme que dans les secteurs liés aux échanges internationaux.

C'est dans ce contexte que commence une industrialisation déséquilibrée et peu diversifiée, qui engendrera dans ces pays des inégalités et du sous-développement. Même dans les moments de croissance économique elle engendra, comme on verra plus tard, une croissance accompagnée d'inégalités (quelquefois même croissantes) et de pauvreté.

Chapitre 2
Industrialisation et continuité des structures monopolistiques

Si le colonialisme introduit le système monopoliste dans les colonies, devenant ainsi la principale structure interne de production, c'est à partir de l'industrialisation que ces structures économiques exerceront une influence sur l'économie et la politique des pays.

Il ne s'agit pas d'une circonstance accidentelle, ni d'ailleurs d'une évolution naturelle. Cela correspond à une transformation, préparée pendant un siècle dans certaines régions (Amérique latine) et pendant plus de 150 ans dans d'autres régions (principalement l'Asie), et qui s'explique par des motifs économiques mais aussi politiques.

Le processus de décolonisation est en réalité, dans la plupart des pays, mené avec précaution afin de ne pas porter atteinte à l'équilibre des forces économiques de l'ancien État colonial. Dans la quasi-totalité des pays, il s'agit d'un processus d'indépendance de la sphère politique et non d'une transformation économique. À l'exception de quelques rares cas, le processus d'indépendance des colonies n'a pas été véritablement révolutionnaire, entendu dans le sens d'une transformation des relations internes de pouvoir. Dans la plupart des cas, les détenteurs du pouvoir économique, octroyé ou concédé par les métropoles, se substituent les uns aux autres. Il y a bien sûr à l'intérieur d'un groupe économique dirigeant des conflits et même des luttes fratricides, néanmoins, la primauté reviendra toujours au groupe possédant le plus grand pouvoir économique qui sera, encore durant le XIXe siècle dans toutes les colonies ou les anciennes colonies, le groupe lié à l'intérêt exportateur le plus important à chaque époque spécifique.

Cette relation très étroite entre monopole et pouvoir étatique est une conséquence naturelle des relations qui sont à l'origine de la création des colonies en tant qu'États nationaux. Dans ces colonies, l'appareil bureaucratique est là pour servir une structure verticale de monopoles, constituée aussi bien d'agents privés locaux (les grandes entreprises coloniales ou les seigneurs titulaires de concession d'exploitation) que du monopole commercial exercé par les métropoles (ou par les compagnies coloniales en Asie). Il est donc naturel que ces colonies, une fois indépendantes ou même pour accéder à cette indépendance (le processus d'indépendance n'étant pas, nous l'avons vu, révolutionnaire), aient besoin du soutien des groupes internes (les *latifundiários* dominants) qui détiennent le pouvoir économique.

Dès lors, l'indépendance des colonies devient le moment privilégié où les groupes internes configurent, à leur manière, les structures économique et étatique. En effet, ils ne sont plus liés à la métropole et peuvent prendre des décisions indépendamment de celle-ci. Si les intérêts des métropoles économiques (qui ne coïncident plus avec ceux des métropoles coloniales, comme on peut le voir par exemple avec l'influence de l'Angleterre sur l'Amérique latine) continueront à déterminer le modèle économique pendant encore longtemps, ils ne jouent plus le rôle d'intermédiaire directe entre les intérêts économiques internes dominants et l'État. Ces intérêts externes continueront à exercer une influence dans la mesure où ils coïncident avec les intérêts (exportateurs) internes. Mais en l'absence de concordance, il peut y avoir et il y aura une rupture. Comme on le verra, ce processus sera long et sinueux, et culminera durant la période industrielle avec des transformations substantielles dans la vie économique et dans les méthodes d'intervention de l'État.

Section 1

Industrialisation et continuité du modèle économique colonial en Amérique latine

Il est important de comprendre pourquoi, du point de vue économique, le XIXe siècle s'inscrit dans la continuité du modèle colonial et va même plus loin. En effet, le XXe siècle prépare un modèle d'industrialisation marqué également par la continuité, permettant ainsi à la majorité des économies latino-américaines de se développer et de s'adapter à de nouveaux produits pendant tout le XIXe siècle et une partie du XXe siècle avec toutefois un minimum de changement structurel.

Le cycle vertueux de transformation productive, qu'il soit agricole ou industriel, correspond à un cycle où les modifications des techniques de production conduisent à une diversification de l'offre et surtout, à la création d'une demande endogène. Ce processus offre, aux consommateurs et aux utilisateurs de nouveaux produits, de nombreuses alternatives. Cela se produit initialement par une succession de nouvelles techniques de production qui seront par la suite remplacées par une variété horizontale d'offres accompagnée d'une sophistication de la demande.

Il est remarquable de noter que cette théorie est différente de la conception schumpetérienne et néo-schumpetérienne du développement économique qui considère que la « destruction créatrice » proportionnée par un système économique dominé par des monopoles est la forme naturelle et la plus efficace de développement économique. Pour ce faire, il faudrait que le progrès technique soit constant et substantiel. Or, depuis la révolution industrielle, le capitalisme vit de périodes d'améliorations significatives de la technologie (et même révolutionnaires) suivies de longues périodes où ce progrès est marginal. Lors de ces périodes, les structures économico-juridiques qui organisent la production deviennent fondamentales pour le développement. Ces structures peuvent alors contribuer plus ou moins au développement dans la mesure où elles permettent ou non une croissance équilibrée de l'offre et de la demande. C'est pourquoi il existe des degrés différents de développement même entre les pays qui sont aujourd'hui développés.

Dans les économies des anciennes colonies de l'hémisphère Sud, le processus de développement a été différent. En l'absence de facteurs endogènes stimulant la croissance lors de la phase initiale, les structures internes créées ne sont pas capables de créer un cercle vertueux interne de développement. Pendant longtemps, et même après la transformation industrielle de ces pays (c'est-à-dire, au-delà de la transformation de la technique de production), le processus de croissance débutera par une croissance du secteur exportateur qui, à son tour, entraînera une augmentation interne des revenus et de la demande. Cette demande concernera soit les produits manufacturés importés soit les produits nationaux lorsque le processus de substitution des produits d'importation est déjà commencé (ISI)[1].

On peut ainsi remarquer que les structures internes créées par la colonisation influencent (et limitent) l'évolution du système économique. Ces structures façonnent le système économique dès lors qu'elles correspondent aux intérêts coloniaux et postcoloniaux dominants.

Comme nous l'avons déjà étudié au premier chapitre, l'analyse qui est ici faite doit d'abord porter sur les intérêts. Dans l'Amérique latine post-coloniale, ces intérêts sont assez clairs. Le post-colonialisme politique ne s'accompagne pas d'un post-colonialisme économique. En réalité, il ne s'agit que d'une substitution des métropoles politiques (le Portugal et l'Espagne) par une métropole économique (l'Angleterre).

L'intérêt économique exportateur reste l'intérêt dominant en matière économique. En outre, comme nous l'avons déjà vu au premier chapitre, ces monopoles sont capables de générer des ressources pour l'économie, ce qui leur donne de l'influence politique. Les concessions privilégiées du roi d'Espagne attribuées aux *encomenderos* et du roi du Portugal concédées aux seigneurs d'*engenhos* ont façonné la société latino-américaine et leurs structures économiques de telle manière que ces structures étaient dès lors indépendantes de ces monarchies. Elles pouvaient poursuivre leurs propres intérêts (exportateurs) par l'influence qu'elles exerçaient

1. Sur l'influence de ce mouvement en Amérique latine, cf. C. Furtado, *A Economia Latino-americana*, São Paulo, Companhia Editora Nacional, 3e éd., 1986, pp. 115 et ss.

sur le monarque (comme ce fut le cas du Brésil indépendant) ou par leur participation de manière décisive à la nomination des gouverneurs (Amérique espagnole et Brésil républicain).

Mais la structure pour l'exercice du pouvoir doit être bien comprise. Le pouvoir attribué par les concessions royales était surtout un pouvoir régional (aussi bien dans l'*encomienda* que dans la *sesmaria*), malgré le fait que dans chaque région, il revêtait des caractéristiques de monopole et qu'étant verticalement intégré à la métropole, il permettait de contrôler toute la vie économique. Comment alors, dans des États indépendants, est-on passé de ce pouvoir régional à un pouvoir central ? En réalité, la structure n'est pas très complexe et elle correspond dans beaucoup de pays (surtout au Brésil, en Argentine et au Mexique) à un modèle fixe. Il s'agit de l'association de nombreux seigneurs (les colonels au Brésil ou les *caudillos* en Argentine) en fédérations régionales lesquelles, à leurs tours, se réunissaient en confédérations. Ces structures devenaient très puissantes dans la mesure où, organisées verticalement, elles étaient capables d'apporter un soutien politique et social aux gouvernements[2].

Ce soutien s'est manifesté, pendant les périodes républicaines, par le vote. La raison en est simple : parce que régionalement monopolistes à trois niveaux, comme nous l'avons déjà mentionné, ces seigneurs régionaux empêchaient la population d'avoir une alternative économique. Il n'existait pas de secteur économique dynamique qui embauchait. Leur dépendance envers les seigneurs régionaux était donc absolue, ce qui garantissait le soutien politique et, lorsque nécessaire, des voix (de ceux qui pouvaient voter) pour le gouvernement qu'ils appuyaient.

Il ne s'agissait pas d'un soutien politique unilatéral. Il avait pour contrepartie des politiques étatiques qui visaient à perpétuer le modèle exportateur (par exemple, la politique de protection du café au Brésil par le biais d'achat de stocks dans la Vieille République) et, en particulier, le principal groupe exportateur de chaque période historique.

Ce fonctionnement particulier du système social et politique est à l'origine d'une caractéristique très importante pour le système économique. Il s'agit de l'absence de politiques gouvernementales indépendantes des intérêts exportateurs.

D'une part, la création d'infrastructures notamment de transports et communications ne fait pas partie des grandes volontés politiques du moment ; ce qui accentue le régionalisme de la production et la force du pouvoir monopoliste. En l'absence d'intégration économique, la formation d'un marché national n'est pas

2. Pour une description de la façon avec laquelle ce système agit et ses conséquences sociales et politiques, cf. B. Fausto, « Brazil : the social and political structures of the first republic, 1889-1930 », *Cambridge History of Latin America*, Cambridge, Cambridge University Press, 1986, vol. V, pp. 779 et ss. Il est intéressant d'observer que, notamment au Brésil, l'organisation des chefs locaux appelés « *coroneis* » était telle que, dans la République, dans les États plus développés et influençant fortement le pouvoir central (par ex. São Paulo et Minas Gerais), l'organisation confédérative du *coronelismo* leur donnait moins d'autonomie locale, alors que dans les régions où cela ne se produisait pas (surtout au Nord-est) leur autonomie et leur pouvoir local étaient plus importants. Cela s'explique par la grande faculté qu'a le pouvoir des chefs régionaux au Nord-est du pays à résister au temps. Ce pouvoir influence et limite aujourd'hui encore la vie politique.

possible. Le caractère exportateur de l'économie est renforcé, ce qui favorise le pouvoir des seigneurs locaux, avec ses conséquences économiques néfastes. Comme on le verra, cette absence d'intégration économique sera un élément contribuant à limiter le processus d'industrialisation à ses débuts.

D'autre part, les transformations technologiques dans le domaine agricole ne sont pas encouragées. Dans la mesure où les profits proviennent essentiellement de l'exportation, la préoccupation continue d'être tournée vers le commerce, avec des politiques commerciales de protection de prix. Il n'y a ni incitation ni financement externe pour améliorer les technologies[3]. L'absence de volonté ou de possibilité pour améliorer les technologies du fait du manque de politiques internes gouvernementales et de l'inexistence de financement externe sera une autre caractéristique typique du processus économique latino-américain, également observée dans le processus d'industrialisation.

La structure économique qui en résulte est le reflet de cet ensemble d'intérêts économiques et constitue un ensemble de caractéristiques communes de la structure économique de la plupart des pays latino-américains du XIXe siècle. Ce cadre marquera l'évolution économique postérieure, contribuant au sous-développement.

La monopolisation régionale implique que ces économies maintiennent des caractéristiques propres à un archipel malgré l'importance et la richesse du territoire. L'occupation se fait principalement sur le littoral (ce qui est encore aujourd'hui une caractéristique démographique du Brésil et de l'Argentine), alors que le développement et l'occupation sont faibles à l'intérieur du territoire, où il n'existe pas d'infrastructures de transport développées (et ce encore aujourd'hui). Ceci correspond aux nécessités d'une économie exportatrice fondée sur des unités autosuffisantes (*sesmaria* ou *encomienda*), capables de produire des revenus dans la région où ils agissent. Il s'agit du pouvoir monopoliste capable d'agir sur toutes les ressources, notamment à trois niveaux, comme nous l'avons décrit ci-dessus[4].

3. Sur l'absence de mesures favorables à l'introduction de technologies dans le domaine agricole, cf. T. Halperin Donghi, « Economy and society in post independence Spanish America », *Cambridge History of Latin America*, Cambridge, Cambridge University Press, 1985, vol. III, p. 299, considérée comme une conséquence des valeurs d'échange favorables aux produits primaires latino-américains (pp. 327-328). Il est évident que le manque d'investissement dans le domaine agricole ne provient pas seulement de la vocation mercantiliste de la bourgeoisie et des États nationaux. Il existe d'autres facteurs économiques et politiques qui influencent ces événements à l'intérieur de chaque État. Comme l'auteur le souligne, c'est le cas des guerres et des révoltes qui ont dévasté l'Amérique latine au XIXe siècle. Selon des estimations, les conflits politiques et militaires de 1850-1870, y compris la guerre contre le Paraguay, auraient coûté à l'Argentine par exemple une valeur égale aux crédits externes reçus par le pays durant ces années. Ainsi, la capacité d'investissement des États nationaux a diminué pendant cette période.

4. Aussi bien pendant la période postcoloniale que lors de la première période de l'industrialisation (cf. *infra* Section 1, §2), le modèle colonial de monopole caractérisé par les trois drainages demeure. Les unités agricoles continuent à agir sur toutes les ressources de l'économie du travail salarié, maintenu à des niveaux de subsistance, à cause de l'absence d'activité économique alternative capable d'attirer de grandes quantités de main-d'œuvre, car les politiques gouvernementales d'exportation limitaient le développement d'autres secteurs dynamiques au détriment des consommateurs, car les produits de consommation étaient contrôlés par des commerçants étrangers (désormais anglais) dotés de pouvoirs monopolistes et dont les intérêts étaient corrélés aux grands exportateurs latino-américains. Il s'agit encore ici d'un système de monopole avec une intégration verticale. Ce système ne connaîtra de modifications que dans la seconde période de l'industrialisation latino-américaine, c'est-à-dire à partir des années 1950.

Il est important de noter — et il s'agit là d'une observation importante démontrant la capacité de ces structures économiques à résister aux changements — que cette caractéristique fondamentale demeurera malgré le changement de la culture agricole principale de la région économique où cette culture exista, et en dépit du changement de la méthode d'exploitation du travail. Ainsi, par exemple, au XIXe siècle au Brésil, le café se substitue au sucre en tant que produit principal d'exportation, São Paulo et le Sud de Minas Gerais substituent le Nord-est en tant que principale région productrice, et tout au long du XIXe siècle le travail salarié remplace le travail esclave pour la culture du café. La structure économique fondée sur la grande exploitation agricole autosuffisante qui produit peu de revenus pour l'économie dans l'ensemble, sans effets distributifs, demeure. Les effets de ce monopole particulier, décrit dans le chapitre 1, section 3, sont assez forts pour résister aux changements de méthode de production.

C'est précisément grâce à cette particularité que le monopole détient autant de capacité à résister aux changements. Son véritable pouvoir de concentration des ressources dans l'économie et son autosuffisance sont à l'origine de ce pouvoir de résistance puisqu'ils favorisent les intérêts qu'il représente à se consolider dans la sphère sociale (la population dépend de la structure monopoliste régionale et de son titulaire puisqu'elle ne possède pas d'alternative économique pour survivre) et dans la sphère politique (liée aux pouvoirs économique et social).

Une autre difficulté importante pour ces structures réside dans la défense contre tout type de concurrence potentielle. Au XIXe siècle, en raison de l'élargissement des marchés de l'hémisphère Nord et de l'apparition de nouvelles cultures agricoles, les monopoles déjà établis doivent faire face à d'autres groupes de pouvoir régional dont les produits se disputent la primeur. Dans ces hypothèses, afin de garantir leur primauté et d'empêcher l'existence d'autres secteurs dynamiques ou d'autres cultures agricoles dynamiques concurrentiels, les monopoles n'hésitent pas à user de leur pouvoir pour retarder et rendre plus difficile l'opération et l'organisation d'autres activités agricoles. Un exemple célèbre en historiographie est celui de la culture du cacao dans le Sud de l'État brésilien de Bahia. Sa croissance et son organisation ont été retardées pendant des années du fait des pressions exercées par les caféiculteurs de São Paulo et de Minas Gerais qui ont ralenti l'établissement de structure de transport et de structure portuaire pour l'exportation des produits[5].

Cette idée de protection contre toute concurrence potentielle détermine une autre caractéristique économique très importante : le manque d'incitation et même de confiance envers l'entrepreneur. Cela se manifeste par une méfiance envers les entreprises industrielles[6], par un manque de financement étatique ou

---

5. Cf. notamment W. Dean, « The brazilian economy, 1870-1930 », *Cambridge History of Latin America*, Cambridge, Cambridge University Press, 1986, vol. V, pp. 685 (699 et ss.).

6. Pour Mauá, la faillite de son entreprise résulterait de cette méfiance et du manque d'intérêt de la part du gouvernement (I. E. de Sousa, *Exposição do Visconde de Mauá aos credores de Mauá & C e ao público*, Rio de Janeiro, J. Villeneuve & C, 1878, pp. 153 et ss.).

externe[7], et parfois même par des actes visant directement à éliminer la menace provenant de nouvelles activités manufacturières[8].

Une structure économique ainsi protégée, puissante et dotée d'un tel pouvoir de concentration des ressources nationales est à l'origine d'une autre caractéristique économique importante, économiquement tout aussi ou plus délétère que celles déjà décrites. Il s'agit, selon Furtado, du manque d'interaction dans le secteur dynamique (produits primaires) entre l'offre et la demande[9]. À l'instar de l'époque coloniale, l'augmentation de la demande provenait des profits réalisés par le secteur exportateur et se transformait en consommation vers l'extérieur également (produits importés). Il n'y avait donc toujours pas de formation substantielle de revenus, ni de capacité de consommation à l'intérieur de l'économie. La faiblesse de la demande interne est d'ailleurs une cause des difficultés économiques du processus d'industrialisation d'Amérique latine.

Il faut noter que les quelques régions qui, pour des raisons spécifiques, n'ont pas reproduit ces caractéristiques sociales et économiques ont été précisément celles qui, plus tard, ont présenté un développement économique et social plus équilibré. Un premier et bon exemple est l'État brésilien de Rio Grande do Sul qui, éloigné des régions centrales en ce qui concerne les produits principaux des cycles précédents (sucre au Nord-est et café à São Paulo et Minas Gerais) et influencé par l'immigration européenne pour l'Uruguay, a développé depuis le XIXe siècle des caractéristiques économiques propres avec une production agricole fondée sur la petite propriété et destinée au marché interne[10]. Bien que cela n'ait pas créé des conditions plus favorables à l'industrialisation de cet État (celle-ci se fera grâce aux excédents du secteur exportateur et par conséquent dans la région où l'exportation est plus dynamique qu'est São Paulo), des conséquences sociales importantes en sont ressorties, l'État affichant, plus tard et pendant longtemps, des indices sociaux bien meilleurs que la plupart des États brésiliens.

En Argentine, une situation semblable et avec d'importantes conséquences se produit au XIXe siècle. Comme nous l'avons vu dans le chapitre précédent, puisqu'il s'agit d'un entrepôt producteur et commercialisant des produits pour les régions minières du Nord (Pérou et Mexique), des revenus et un marché potentiel de consommateurs interne sont créés depuis la colonisation. Au XIXe siècle cet élément subsistera, bien que l'économie assume une vocation d'exportation de produits primaires agricoles et de bétails (notamment le blé et la viande) plus définie. Comme nous le verrons, cette caractéristique lancera de manière décisive l'industrialisation argentine, antérieure et pendant une longue période plus robuste que celle de leurs voisins.

Ces exceptions confirment la règle et démontrent l'influence considérable des structures économiques et sociales de l'Amérique latine coloniale et postcoloniale

7. À cette époque, la quasi-totalité du financement externe provenait de l'Angleterre qui ne finançait que les projets liés à l'activité agricole d'exportation.

8. C'est ce qu'explique W. Dean à propos d'un moulin de tissage d'Alagoas au XIXe siècle, qui n'a été acquis par une entreprise anglaise (de tissage) que pour être démonté puis jeté dans le fleuve São Francisco (W. Dean, « The brazilian economy, 1870-1930 », *op. cit.*, pp. 708 et ss.).

9. Cf. C. Furtado, *A Economia Latino-americana*, *op. cit.*, pp. 137 et ss.

10. Cf. B. Fausto, « Brazil : the social and political structure of the First Republic », *op. cit.*, p. 784.

sur le processus d'industrialisation qui se réalisera progressivement durant le XXe siècle et sur les difficultés qui s'y interposeront. Ce sujet fera l'objet de l'analyse à suivre.

§1. Le long processus d'industrialisation de l'Amérique latine

Considérant ce qui a déjà été dit, le titre de ce paragraphe n'est pas surprenant. Ces économies concentrées et dépourvues de marché interne capable de les impulser suivent un long parcours d'industrialisation, qui se développe progressivement dans la mesure où des crises politiques et économiques et des guerres dans les marchés importateurs créent une certaine induction exogène à l'industrialisation.

Il convient d'observer d'emblée que la lenteur et la faible portée du processus découlent avant tout des structures de pouvoir économique consolidées dans la région, qui en sont la cause directe. La dépendance externe subsiste dans la mesure où elle profite de l'existence de ces structures (comme il se produit de manière récurrente dans l'histoire, de forme circulaire, la dépendance externe finit aussi par renforcer ces structures, contribuant à leur pérennisation). Cette remarque n'est pas dénuée d'intérêt, puisqu'elle permet d'expliquer de nombreux problèmes, notamment les politiques concernant la dépendance externe, soulevés entre les années 1950 et 1980, indépendamment de la prise en considération des structures internes de pouvoir économique.

§2. La première phase : du XIXe siècle à la Première Guerre mondiale

Le processus d'industrialisation en Amérique latine doit être considéré comme la continuité naturelle du processus de colonisation. Depuis le début du XXe siècle, la croissance de l'activité exportatrice latino-américaine s'est accompagnée de la formation embryonnaire d'une industrie manufacturière. Cette création n'obéissait pas à une logique d'indépendance, mais plutôt à une logique de monopole (d'exportation) qui la dirigeait. La référence au monopole est intentionnelle. Le développement des manufactures ne s'est pas produit, comme on pourrait l'imaginer, directement en fonction des résultats du produit principal d'exportation sur le marché international.

En réalité, il y a lieu d'observer que, en fonction des politiques constamment adoptées visant à protéger les profits des monopoles exportateurs, le développement des manufactures est toujours le reflet et le résultat du sort des marchandises exportées.

Lorsque les relations d'échanges internationaux étaient favorables aux marchandises brésiliennes, on remarquait un léger développement des manufactures, résultant de l'excédent de capitaux disponibles pour l'investissement et d'un accroissement de revenus qui engendrait plus de demande en ce qui concerne au moins les produits de consommation de base[11]. Ce mouvement, qui devait être en soi suffisant pour donner l'élan à une croissance stable de la production industrielle, a été extrêmement faible en Amérique latine. En fonction de l'existence de monopole d'exportation capable de récupérer les revenus des autres secteurs de l'économie (à trois niveaux comme on l'a déjà vu), le revenu disponible pour la consommation lors des fortes périodes d'exportation était très inférieur à ce qui était attendu. D'abord, parce que la concentration économique du monopole empêchait la formation substantielle de revenus et d'une consommation.

En outre, même pour les biens de consommation de base, il existait un effet particulier. Dans la mesure où ces économies étaient concentrées sur la production de biens primaires et n'étaient pas diversifiées industriellement, le pourcentage de revenus affecté à l'extérieur était plus que proportionnel à l'augmentation de la demande. Au-delà de la critique des auteurs adeptes de la doctrine structuraliste du CEPAL en ce qui concerne l'idée des avantages comparatifs développée par Ricardo, il ne s'agit pas seulement d'observer que l'élasticité-revenu de la demande par les produits manufacturés est différente de l'élasticité-revenu des produits primaires. En effet, il suffirait d'implanter n'importe quelle industrie de produits manufacturés en interne et celle-ci profiterait aussi simplement de ces avantages.

Face à l'absence de choix et à l'impossibilité de comparer, l'élasticité-revenu des produits manufacturés dotés d'une nouvelle présentation ou fabriqués à l'aide d'une nouvelle technologie est plus grande que l'élasticité-revenu des produits primaires (alimentation et textile) et que l'élasticité-revenu des produits manufacturés qui ne sont pas dotés des mêmes technologies.

Ce résultat se vérifie en pratique bien que les produits de nouvelle technologie ne présentent pas une plus grande utilité pour l'utilisateur que les produits ne bénéficiant pas des changements technologiques. Cette modification technologique apparaît ici comme un élément limitant le choix du consommateur. Le moindre changement technologique justifie déjà la présentation du bien comme neuf, alors qu'il n'entraîne pas un surplus effectif d'utilité pour le consommateur.

Ces règles assez simples, qui sont en réalité le reflet des structures économiques existant dans les pays latino-américains après la décolonisation, répondent à la décevante croissance industrielle du début du siècle, malgré l'importante croissance de la valeur d'échange de la plupart des *commodities* latino-américaines durant la période 1890-1915.

On peut alors remarquer qu'en réalité et paradoxalement, le cycle inverse doit se produire pour que les manufactures gagnent un certain élan. C'est pendant les périodes de baisse significative des prix des marchandises exportées que les manu-

11. Comme C. Furtado le souligne, cet effet sera d'autant plus important que la distribution des revenus pour le facteur travail sera grande. Ainsi, dans les régions comme l'Argentine et l'Uruguay, où la main-d'œuvre était plus faible — où par ailleurs, un revenu interne s'était déjà constitué grâce au dynamisme du commerce interrégional colonial —, la valorisation de l'exportation des produits agricoles s'est traduite par une plus grande croissance de la demande interne.

factures internes gagnent de l'importance. Cela s'explique encore par la politique interne de protection des monopoles exportateurs.

En cas de chute significative des prix internationaux, les gouvernements nationaux intervenaient pour limiter les effets de la baisse des prix du produit exportateur, en dévalorisant la monnaie. Cela correspondait à une politique de socialisation des pertes des monopoles exportateurs au détriment de la population. Ce mécanisme, envisageable seulement dans les États où les politiques représentaient directement les intérêts des monopoles, engendrait une inflation interne et une perte de revenus pour la population au profit des exportateurs dont les revenus augmentaient en monnaie locale.

La crise est apparue comme une nécessité, ayant non seulement un impact fort sur les prix des *commodities* latino-américaines, mais touchant aussi fortement l'offre des produits manufacturés par les pays industrialisés, de sorte que l'industrialisation a été favorisée ainsi dans la région. Cette situation a eu lieu dans l'histoire économique latino-américaine avec la crise de 1929.

En réalité, l'effet provoqué par la crise de 1929 sur l'industrialisation a été plus long à cause de son intensité. La violence de la chute des prix de quasiment tous les produits latino-américains a entraîné le transfert d'importants capitaux vers le secteur industriel. Certes, la croissance industrielle ne subit pas encore de changements structurels. À partir de 1932, lorsque les prix agricoles commencent à remonter, l'industrialisation — bien que partant dès lors d'un niveau de production et de participation du PIB plus élevé — retrouve son développement lent et dépendant des revenus (encore faibles) et de l'excédent (encore faible) pour l'investissement produit par le secteur exportateur (l'excédent était important, mais une grande partie était destinée à la consommation de biens de luxe ou à l'investissement dans le secteur exportateur)[12].

Outre la lenteur du processus, celui-ci est incomplet. La dépendance de l'économie aux monopoles du secteur exportateur empêche le parc industriel de se diversifier[13]. Celui-ci reste alors limité à des biens de consommation immédiate et incapable de produire des effets multiplicateurs de revenus et encore moins de distribuer des revenus. Cette réalité n'est pas modifiée par la Seconde Guerre mondiale, qui met en évidence sur le marché de consommation latino-américain un manque dramatique de biens de consommation importés. On assiste

12. En ce sens, cf. V. Bulmer-Thomas, qui affirme que la croissance de l'industrie latino-américaine pendant la crise de 1929 n'est pas devenue auto-suffisante, ce qui explique pourquoi la récupération des prix agricoles à partir de 1932 a été importante pour ces économies, la croissance industrielle étant encore une conséquence des profits du secteur agricole (Bulmer-Thomas, « The Latin American economies 1929-1939 », *Cambridge History of Latin America*, Cambridge, Cambridge University Press, 1986, vol. VI, n° 1, pp. 65 (102 et ss.).

13. Il convient de noter que même en Argentine, qui était à l'époque le pays le plus industrialisé et le plus développé d'Amérique latine, le parc industriel était peu diversifié et fortement monopolisé (D. Rock, « Argentina form the first world war to the Revolution of 1930 », *Cambridge History of Latin América*, Cambridge, Cambridge University Press, 1986, vol. V, pp. 419-426). Dans le cas argentin, un facteur sera source de problèmes dans les décennies à suivre : la forte domination étrangère dans certains secteurs stratégiques, comme c'est le cas de l'industrie du pétrole dans laquelle les intérêts d'entreprises anglaises et nord-américaines ont beaucoup influencé les décisions gouvernementales entre les années 1920 et 1930. Pour une description des événements politiques concernant ce secteur, cf. pp. 448-454.

à une accélération de la croissance industrielle sans qu'il y ait toutefois, pendant cette période, de changement fondamental dans la structure productive de ces pays.

Du fait du manque de produits et des difficultés économiques lors de ces périodes successives (la crise de 1929 et surtout la Seconde Guerre mondiale), ces pays doivent limiter leur dépendance externe. Le scénario pour la seconde phase de l'industrialisation latino-américaine est ainsi préparé.

§3. La seconde phase : de l'après-guerre jusqu'aux années 1980, les États et les monopoles

La division entre phases et surtout le moment où cette division doit être faite est discutable. Si l'accent est donné au processus de substitution des importations et au moment où il gagne une dynamique propre, il y a lieu de considérer, comme le fait Furtado, que la crise de 1929 correspond au début de la seconde phase de l'industrialisation[14].

Néanmoins, considérant les objectifs du présent travail, la structure économique interne étant l'élément fondamental pour le développement économique des pays, la délimitation doit donc être faite plus tard, dans l'après-guerre. Il y a bien entendu d'importantes variations d'un pays à un autre.

Mais de manière générale, à partir de la fin des années 1940, les États nationaux se trouvent face à un dilemme économique important. D'un côté, l'économie agricole exportatrice perd de sa force relative à l'intérieur des systèmes économiques nationaux. La plupart des sociétés latino-américaines ont connu une croissance démographique considérable. Du fait de la croissance industrielle depuis les années 1920, la population urbaine a augmenté.

D'un autre côté, il était impossible, aussi bien politiquement que socialement, de maintenir la société dans un système autarcique caractérisé par des monopoles exportateurs, qui concentraient les ressources de l'économie et ne permettaient pas une croissance durable en dehors de leur zone d'influence. Par ailleurs, il n'était plus possible de maintenir la politique de substitution des importations fondée sur l'absence externe de produits manufacturés disponibles. Pendant l'après-guerre, les produits manufacturés sont redevenus disponibles, en grandes quantités.

Il était alors nécessaire d'imaginer des projets nationaux de développement qui tenaient compte de ces réalités. En outre, il fallait les imaginer sous une forme indépendante ou assez indépendante. Il n'y avait pas de force économique interne (ou même externe)[15], qui pouvait déterminer, de manière autonome, la conduite de la politique industrielle et économique dans son ensemble ni celle des réformes

14. Cf. *A Economia latino americana*, *op. cit.*, pp. 123 et ss.

15. Malgré la prise en compte des intérêts étrangers dans la vie économique latino-américaine, à la fin des années 1940 et pendant presque toute la décennie de 1950, le conflit politico-économique entre les deux blocs idéologiquement opposés se limitait à l'Europe et l'Asie.

institutionnelles et juridiques. De plus, des pressions sociales pour une politique de développement se faisaient sentir.

Cette période quasi unique dans l'histoire latino-américaine, de liberté dans la définition des politiques publiques, a eu d'importants effets. Au niveau intellectuel, elle a contribué à l'émergence de théories propres, comme le structuralisme du CEPAL et plus tard la théorie de la dépendance. Au niveau de la politique économique, l'État devient un agent autonome ou du moins plus autonome au niveau de la conception et de la mise en œuvre des politiques publiques.

C'est ainsi que, pendant cette période, les politiques publiques de croissance seront fortement favorisées. L'investissement dans le domaine de l'infrastructure est important. Il suffit, à titre indicatif, de citer l'investissement public dans la sidérurgie brésilienne (création de la *Companhia Siderúrgica Nacional* le 9 avril 1941) et, précédemment, la création au Chili de la Corfo (*Corporación de Fomento de la Produccíon*) qui s'est vu attribuer la mission d'élaborer et d'exécuter des ouvrages d'infrastructures (électrification du pays, industrie sidérurgique, etc.)[16].

Il est vrai que l'intervention étatique n'était pas uniforme dans toute l'Amérique latine. Des pays comme le Brésil et le Mexique ont suivi des politiques industrielles plus indépendantes alors que la politique industrielle argentine a maintenu des liens intimes avec les intérêts des grands groupes étrangers qui ont préservé pendant encore longtemps leur pouvoir et leur influence sur l'infrastructure (surtout pétrolifère)[17].

Quoi qu'il en soit, l'indépendance relative de la politique industrielle par rapport aux intérêts de l'activité agricole et de l'élevage du bétail caractérisait la plupart des pays. Dans l'histoire latino-américaine, les deux intérêts étaient définitivement séparés.

Par ailleurs, la façon dont l'industrialisation s'était déroulée jusqu'à présent (début des années 1950) limitait les possibilités de progrès futur. Ici encore, c'est en se focalisant sur les structures économiques internes que des aspects nouveaux sont à considérer. Ce n'est pas seulement la dépendance externe (comme le soutiendront les partisans de la théorie de la dépendance dans les années 1960 et 1970) qui limitera les effets des politiques de ISI (*Import Substitution Industrialization*), provoquant la crise inflationniste et la grande récession des années 1980 en Amérique latine.

Certes, l'approfondissement du développement industriel exigeait un parc industriel plus sophistiqué et plus diversifié et, en son absence, la demande de

16. Cf. C. Furtado, *A Economia latino americana*, *op. cit.*, p. 130.

17. Cette différence est importante puisqu'elle implique des niveaux différents de formation des revenus internes. Alors que les investissements infrastructurels brésilien et mexicain se sont intégralement transformés en revenu interne ; en Argentine, la plupart des investissements infrastructurels se sont transformés en revenu (de capital) pour les pays étrangers, ce qui explique les différences de croissance entre ces pays sur une même période. Au début des années 1950, le PIB argentin était supérieur au PIB brésilien de 10 % et au PIB mexicain de 25 % ; tandis qu'au début des années 1990, le PIB argentin correspondait à seulement 1/3 du PIB brésilien et à la moitié du PIB mexicain. Pour une étude détaillée de nombreuses données sur la croissance comparée des économies à cette période, cf. R. Thorp, « The Latin American economies 1959-1990 », *Cambridge History of Latin America*, Cambridge, Cambridge University Press, 1994, vol. VI, 1, pp. 159 (188 et ss.).

biens (de capital) étrangers (plus chers) a fini par augmenter, influençant la balance des paiements et le taux d'inflation de ces pays. L'existence d'une structure de production internationale immanente et immuable n'est pas à elle seule à l'origine de cela. Durant la première moitié du XXe siècle, ces pays avaient opté pour une industrie accessoire à l'activité exportatrice principale, c'est-à-dire, une industrie limitée aux besoins de consommation et de production de produits importés.

Ce choix délibéré et motivé par l'importance des intérêts agricoles monopolistes de l'époque a beaucoup limité les possibilités de développement postérieur. Une industrie de biens de capital n'a commencé à exister que grâce à la mise en place d'une politique protectionniste sélective, qui toutefois a laissé le parc industriel latino-américain à l'écart des profits technologiques importants pour sa survie. À cela s'ajoutent les erreurs de la politique industrielle elle-même de cette période qui, cherchant à récupérer le marché interne, ne s'est pas souciée du développement de l'exportation des produits manufacturés. La crise était dès lors existante.

Mais le plus grave restait encore à venir. Les structures économiques concentrées latino-américaines ont eu une influence non seulement sur les origines des problèmes, mais aussi sur les solutions apportées. Les désorganisations sociales et économiques issues des problèmes structurels conduisent à des crises économiques aiguës. La réponse n'est pas donnée en termes de transformation structurelle ou de politiques législatives transformatrices, mais de révolutions militaires (dans les années 1990, seize pays latino-américains connaissent à certaines périodes des gouvernements militaires).

Comme l'historiographie l'a montré, l'identification d'une seule cause et d'un seul intérêt derrière ces révolutions n'est pas suffisante (bien que les intérêts nord-américains durant la guerre froide aient, sans aucun doute, été bien distingués)[18]. Ne serait-ce parce qu'il est bien plus important d'identifier les résultats du processus que d'en déterminer les causes. Les résultats du processus sont clairs. Les gouvernements militaires tentent de rétablir les structures de pouvoir économique, lesquelles peuvent contrôler l'économie, et desquelles ils peuvent obtenir un soutien économique[19].

Ces structures n'ont pas la même forme que celle des colonies et des post-colonies et ne pourraient pas l'avoir. Elles ne sont pas capables de générer à elles seules toutes les ressources d'une région ou d'une activité économique. Elles possèdent toutefois une grande capacité de concentration des richesses dans les trois mêmes sphères des relations économiques de l'époque coloniale.

18. Pour une analyse critique des différentes théories concernant les motivations militaires en Amérique latine, cf. le travail des chercheurs français A. Rouquie et S. Suffern, « The military in latin american politics since 1930 », *Cambridge History of Latin America*, Cambridge, Cambridge University Press, 1994, vol. VI, 2, pp. 233 et ss.

19. Le deuxième plan national de développement brésilien (II PND) s'insère parfaitement dans cette politique. À cet égard, la loi nº 6404/76 est un exemple de l'influence du II PND sur plusieurs initiatives législatives. L'exposé des motifs de cette loi explique clairement l'idée de consolidation des structures de pouvoir économique par la formation de conglomérats nationaux pour faire face à la concurrence internationale (notamment la section *Fusões e conglomerados*). Cf. M. Carvalhosa, *A nova Lei das Sociedades Anônimas*, Rio de Janeiro, Paz e Terra, 2e éd., 1977, p. 146.

Ainsi, grâce à l'évolution de leur pouvoir monopoliste sur le marché de consommation, ces structures réussissent à générer un profit extraordinaire au détriment des consommateurs. Sur le marché du travail, on commence à sentir, dans la seconde moitié des années 1970, le nouvel et dangereux aspect social des monopoles. Les grandes oppositions syndicales portant sur les salaires à la fin des années 1970 et au début des années 1980 cachent une réalité naissante qui deviendra dominante à partir des années 1990.

Dans la concurrence entre secteurs, les années 1970 marquent l'époque dorée des subventions étatiques aux industries privilégiées. La concurrence intersectorielle pour les capitaux se fait par le biais de l'accès privilégié aux capitaux étatiques et internationaux.

De ce fait, la plupart des économies latino-américaines ont de nouveau suivi, dans les années 1980, une politique défavorable au dynamisme économique et au développement social. Comme on le verra, ce schéma se compliquera avec la libéralisation des années 1990.

Section 2

Recolonisation et décolonisation de l'Asie

Le XIXe siècle est une période particulière de l'histoire économique d'Asie. Contrairement à ce qui s'est produit dans le reste du monde colonisé (où l'on assistait à la décolonisation), la colonisation européenne devient plus puissante en Asie durant cette période. En réalité, ce mouvement n'est rien de plus que le reflet des événements en Europe.

Dans la seconde moitié du XIXe siècle notamment, le conflit économique entre les nations industrialisées s'amplifie. La position de suprématie absolue de l'Angleterre commence à être contestée par les nations industrielles émergentes, telles que l'Allemagne et les États-Unis d'Amérique.

À ce moment, la domination coloniale représente un avantage comparatif important pour des nations comme l'Angleterre par rapport à d'autres nations (Allemagne, États-Unis) qui n'en bénéficient pas. Les colonies garantissent à la métropole un marché captif ainsi que l'obtention de matières premières et de produits primaires de grande valeur. Le premier élément (le marché captif) permettait de maintenir les taux d'accumulation dans l'industrie (il était très difficile d'obtenir une croissance et même un maintien de ces taux durant la seconde phase de la révolution industrielle, à partir de 1850, phase pendant laquelle les changements techniques se faisaient assez lentement). Alors que le second élément (l'accès à des matières premières), outre le bénéfice apporté à l'industrie, contribuait beaucoup à l'obtention d'excédents commerciaux, dans la mesure où la vente de nombreux produits primaires en Europe et même en Amérique engendrait de grands profits, ce qui permettait d'accroître les capitaux nécessaires au maintien du développement de l'industrialisation.

Pour ce faire, il était indispensable de transformer les caractéristiques de la colonisation. Celle-ci, dirigée par les grandes compagnies coloniales, ne répondait plus aux intérêts des métropoles. En premier lieu, parce qu'il ne s'agissait plus d'intérêts purement et simplement marchands. En second lieu, face aux besoins d'une économie industrielle, le contrôle sur l'activité économique locale devait être plus strict que celui qui était ou pouvait être exercé par les compagnies coloniales.

Ce nouveau type de contrôle et la façon dont il a été utilisé pour répondre aux besoins des économies industrialisées contribuent à consolider des structures qui deviendront un obstacle notable pour le développement de l'Asie au XXe siècle. La politique d'étouffement de l'industrialisation en Asie accompagnée du développement des activités agricoles à petite ou grande échelle (plantation) freineront le processus d'industrialisation et accentueront la pauvreté agricole.

§1. Le colonialisme industriel en Asie

Il convient d'examiner attentivement ce qui a motivé les puissances industrialisées à soutenir la colonisation à partir de la fin du XVIIIe siècle et surtout pendant le XIXe siècle. Il s'agit des limites imposées à l'industrialisation des colonies et de l'introduction du système de plantation dans l'activité agricole.

En ce qui concerne l'activité industrielle, il est indispensable de comprendre le point de départ des politiques coloniales. Il existe un certain consensus dans la littérature spécialisée en vertu duquel l'Asie du Sud-est avait, avant la période coloniale, une activité manufacturière comparable, et peut-être même supérieure, à l'activité manufacturière européenne. Les techniques de production et de commerce (navigation, etc.) étaient très développées[20]. C'est la raison pour laquelle les débuts de la colonisation ont été marqués par une importation par les métropoles de produits d'exploitation mais aussi de produits manufacturés dans le but de produire des profits commerciaux (qui étaient l'intérêt fondamental des compagnies coloniales, comme nous l'avons déjà vu).

Le développement industriel européen a connu de fortes avancées technologiques pendant la seconde moitié du XVIIIe siècle. La croissance industrielle, qui produisait plus de profits que le commerce, ne pouvait être remise en cause par l'industrie coloniale.

À partir de la fin du XVIIIe siècle, cette menace s'éteint progressivement grâce à la politique coloniale et ce de deux façons. La première découle directement des

20. En ce sens, cf. Gunnar Myrdal, *Asian Drama*, Middlesex, Penguin Books, vol. 1, 1968, p. 453 : « Here is worthwhile taking a longer look backward, for there is general agreement in the literature that in the pre-colonial era, many sections of South Asia were not inferior to the countries of Western Europe in manufacturing of a pre-industrial character. In quality and variety of products as well as production techniques, large parts of the region may even have been somewhat in advance of the West ».

profits de l'activité commerciale et des effets de concentration de revenus et de richesse du monopole exportateur.

La situation est ici semblable (mais non identique) à ce qui s'était produit en Amérique latine il y a trois siècles. La création de nouveaux marchés pour les produits asiatiques dans le nord de l'Europe a entraîné, notamment entre 1750 et 1810, une amélioration sensible en termes d'échange de produits agricoles asiatiques. En particulier, les épices et les graines ont gagné beaucoup de valeur. La captation de capitaux pour ces activités fut considérable, empêchant tout investissement dans l'activité industrielle naissante. En outre, la croissance industrielle anglaise de cette période a accentué les différences à venir. De 1810 à 1860, l'amélioration de la productivité industrielle en Angleterre et la baisse des prix de leurs produits ont renforcé l'avantage comparatif dans la production agricole et primaire d'Asie[21].

Il ne faudrait toutefois pas imaginer que cette situation résulte simplement du libre-échange et des avantages naturels qu'il établit. Cette observation n'est pas pertinente pour le cas de l'Asie du Sud-est, notamment l'Inde et l'Indochine, lesquels, au début de la colonisation, possédaient des industries tout aussi ou plus développées que les industries des colonisateurs européens.

En réalité, les politiques coloniales de ces métropoles et les structures économiques introduites dans les colonies grâce à elles sont les principales causes du processus de désindustrialisation. Concentrons-nous sur la politique économique coloniale.

Le principal point faible de la politique économique coloniale est qu'en réalité celle-ci n'existe pas, au moins en tant que politique indépendante, visant l'intérêt des colonies. La position du *raj* anglais en Inde est celui de *night watchman*[22]. Il n'existe pas d'investissement ni même d'incitation à l'investissement, y compris dans l'infrastructure des transports, pourtant nécessaire (à l'inverse de ce qui se produisait en Angleterre, où la révolution industrielle a conduit et a été stimulée par l'importante évolution de l'infrastructure des transports)[23]. De plus, les politiques coloniales défavorables à l'industrie locale se multiplient.

Ces politiques étaient spécifiques et, lorsque nécessaire, interventionnistes. Un bon exemple est l'interdiction en Angleterre pendant de nombreuses années entre la fin du XVIIIe siècle et la première moitié du XIXe, d'importer des produits manufacturés d'Asie à travers la Compagnie anglaise des Indes orientales. En outre, jusqu'en 1860, l'Angleterre a posé l'interdiction à ses colonies asiatiques d'importer des biens de capital. La fermeture des marchés de consommation accompa-

21. Pour une analyse de ce processus fortement influencé par la théorie classique des avantages comparatifs, cf. J. Williamson, *Globalization and the poor periphery before 1950*, Cambridge, MIT Press, 2006, pp. 75 et ss.

22. Cf. M. Morris, « Towards a reinterpretation of the XIX Century Indian Economic History », *Journal of Economic History*, v. 23, n. 4 (1963), pp. 606 et ss.

23. On ne peut pas affirmer que ce type de politique n'était pas viable dans l'économie du *laissez faire* du XIXe siècle. Les rares applications ont produit de très bons résultats. C'est notamment le cas dans la région de Kapur en Inde entre 1860-1880, avec la conclusion de contrats pour la production de matériel militaire par l'industrie locale qui a entraîné un important développement manufacturier (C. A. Bayly, « State and economy in India over seven hundred years », *Economic History Review*, n° 38, 4 (Nov. 1985), p. 583).

gnée d'un accès à la technologie limité et le manque de capitaux ont freiné le développement de l'industrie asiatique. L'économie ne pouvait donc qu'accepter les avantages comparatifs qui lui étaient imposés par la domination coloniale et se concentrer sur la production agricole[24].

À partir de 1860, la politique coloniale anglaise évolue fortement. Pour garantir son influence sur les anciennes colonies latino-américaines, elle doit se battre pour le libre-échange. La défense de ce principe n'était toutefois pas compatible avec une politique protectionniste en Asie. À cela s'ajoute un élément économique déterminant : la politique protectionniste en Asie n'était plus nécessaire.

Après plus de cent ans de protection de l'industrie européenne et de désindustrialisation en Asie, toute protection était devenue inutile. Dans un régime de libre-échange, les économies asiatiques n'avaient plus les moyens de concurrencer l'industrie européenne. Leurs économies pouvaient tout au plus compléter l'économie européenne, mais pas les concurrencer dans le secteur industriel. Cela revient à dire que la politique de développement industriel ressemblera à celle de l'Amérique latine au XXe siècle, c'est-à-dire que la croissance industrielle dépendra de la production de biens agricoles. Durant les périodes de détérioration des *terms of trade* des produits agricoles, accompagnées d'une détérioration de la balance des paiements, ou lors des périodes d'absence des produits industriels sur le marché international (pendant les guerres), l'industrie se développa.

Ainsi, encore une fois, le phénomène d'accumulation des richesses caractérise les économies monopolisées. Il n'existera pas d'effets multiplicateurs de revenus. L'importance de l'industrie reste très faible par rapport à la population totale. Par exemple, en Inde, parmi les 350 millions d'habitants à la fin du XIXe siècle, seulement un million se consacrait à l'activité industrielle.

Dès lors, la main-d'œuvre employée dans les villes où la croissance industrielle est forte au XIXe siècle (Calcutta et Bombay) est composée de petits agriculteurs ou de travailleurs agricoles appauvris (par le système de plantation) qui se déplacent vers les villes pour obtenir un minimum de ressources[25]. Outre la réduction du coût de la main-d'œuvre, la quasi-totalité des revenus servent à couvrir les dépenses de première nécessité, produisant une demande relative uniquement sur le marché agricole (qui, comme on le verra, à l'époque de l'agriculture de plantation dépendra principalement des importations).

Ce n'est pas seulement le poids économique relatif de l'industrie qui est faible, mais également sa diversité. Le développement industriel ne se produit que dans certains secteurs, qui n'entrent pas en concurrence avec l'industrie européenne. Pendant cette période (à la fin du XIXe siècle), des secteurs comme l'industrie du jute et du tissu se sont développés pour répondre aux besoins des économies industrielles.

À partir de 1914, le parc industriel se développe, comme nous l'avons vu, surtout en raison de la pénurie des produits industrialisés lors des crises (de demande),

24. Cf. G. Myrdal, *Asian Drama*, *op. cit.*, pp. 456 et ss.

25. Cf. C. A. Bayly, *State and economy in India over seven hundred years*, *op. cit.*, pp. 594 et ss.

créant ainsi, à l'instar de l'Amérique latine, un contexte favorable à l'industrialisation. Mais ici encore la croissance est isolée et limitée à certains secteurs rapidement monopolisés. Tel est le cas, par exemple, du secteur du fer et de l'acier en Inde, dont la croissance à partir de 1914 est fondée sur la structure oligopoleuse de l'offre, divisée entre quelques grandes industries étrangères et la nouvelle *Tata company* indienne[26].

En l'absence de diversité dans le parc industriel, les profits accumulés seront principalement reversés à l'extérieur sous la forme de capitaux, de transferts de profits ou de couverture de déficits des transactions commerciales courantes. Le marché interne, pourtant intense jusqu'au début du XVIIIe siècle, se résume à la fin du XIXe siècle à cet excédent de revenus produit par le commerce intra-régional, ce qui ne constitue pas un élément suffisant pour le développement économique.

Afin de comprendre la structure économique asiatique, il convient en outre d'étudier l'activité économique principale du XIXe siècle, c'est-à-dire l'agriculture de plantation. Cette activité économique est à l'origine de caractéristiques économiques et sociales profondes qui produisent des effets encore aujourd'hui dans cette région.

En premier lieu, il faut bien comprendre que la principale caractéristique de la plantation est le monopole exportateur. La production à grande échelle était dominée par les grandes compagnies étrangères, principalement anglaises. Les effets économiques positifs revenaient donc principalement aux économies industrielles. Les capitaux affectés à l'activité agricole étaient transférés aux pays industrialisés européens détenteurs de possessions coloniales en Asie.

Une grande partie de la main-d'œuvre, surtout la main-d'œuvre technique plus spécialisée, était constituée d'employés anglais. Les profits de l'activité, apparte-

---

26. Il s'agit là d'un exemple intéressant sur la façon avec laquelle se développait l'activité économique dans les pays coloniaux de l'époque, c'est-à-dire sous une forme monopolisée, sans contrôle, sans directives ou réglementations étatiques. La croissance de *Tata Iron Steel Company (TISCO)* ne dépend pas seulement de l'entrepreneuriat de son fondateur, mais des concessions qu'il a obtenues du gouvernement à partir de 1901, les même dont bénéficiait l'entreprise britannique *BISCO (Bengal Iron and Steel Company)* qui détenait également des concessions dans toute l'Asie du Sud-est. La croissance industrielle dépendait ainsi des initiatives privées dépendantes des autorisations et concessions de la Métropole (ou des gouverneurs métropolitains des colonies), accordées dans des secteurs qui n'entraient pas en concurrence avec leur industrie. Il s'agissait d'activités nées et développées sous la forme de monopole. Contrairement aux aides octroyées aux grandes structures d'entreprises privées, l'investissement en infrastructure des États coloniaux était très faible. Si l'on prend ici encore comme exemple l'Inde, on peut observer qu'entre 1872 et 1947 la participation de l'État dans le produit national brut n'a jamais dépassé 10 %, ce qui implique que les économies asiatiques de l'époque sont décrites dans l'historiographie économique comme des formes de « *private entreprise economy* ». Pour les données historiques de la croissance des industries, cf. M. D. Morris, « The growth of large scale industry to 1997 », *The Cambridge Economic History of India*, Cambridge, Cambridge University Press, 1983, pp. 553 et 554; pour un historique de la croissance de l'industrie sidérurgique, cf. spéc. pp. 583 et ss. Enfin, on peut remarquer que même en matière sociale et en cas d'urgence, l'intervention du gouvernement colonial et de la métropole restait très faible. En effet, lors des grandes famines entre 1870-1929 dans l'Asie du Sud-est, la politique du gouvernement anglais est restée limitée à des livraisons d'urgence et ponctuelles d'aliments sans se soucier de l'augmentation de l'occupation ou de la création de revenu (M. Mc Alpin, « Dearth, Famine and Risk : the changing impact of crop failures in Western India, 1870-1920 », *The journal of economic history* 1979, vol. 39, n° 1 p. 143 (157), où il est possible de relever que la politique du *laissez faire* adoptée a contribué au maintien des conditions structurelles de pauvreté et à la répétition de grande famine tout au long du XXe siècle.

nant à des sociétés anglaises, étaient transférés sans limitation en Angleterre[27]. C'est pourquoi il n'existe pas vraiment de controverses en doctrine quant au fait que le système de plantation était plutôt favorable aux économies industrialisées des métropoles et moins aux économies des colonies asiatiques[28].

Dans les économies asiatiques, non seulement l'effet est faible mais l'on se demande même s'il a été positif. La mise en place de monocultures de plantation a eu pour effet immédiat et direct de modifier les méthodes traditionnelles de production agricole. Comme nous l'avons étudié dans le chapitre 2, dans les pays asiatiques, jusqu'à l'époque pré-coloniale, les populations agricoles vivaient principalement grâce à l'agriculture de subsistance ou grâce à la petite et moyenne production agricole destinée au marché local. Cela a entraîné la structuration d'un commerce intra-régional dynamique de produits de base (surtout de riz) qui engendrait un excédent et des revenus si ce n'est dans les régions agricoles productrices, au moins dans les villes dépendantes du commerce du riz.

L'introduction du système de plantation modifie radicalement la situation. La monoculture agricole et le monopole d'acquisition et de vente détenu par les sociétés européennes limitent la création de revenus locaux. De plus, avec la réduction de l'importance de l'agriculture de subsistance et de l'agriculture régionale, l'activité agricole et le travail d'une grande partie de la population agricole sont transformés.

Avec la baisse de l'activité agricole de subsistance, les régions où le système de plantation est adopté deviennent des régions importatrices d'aliments. Par ailleurs, l'agriculture de plantation profitait de l'abondance de la main-d'œuvre en Asie grâce aux mouvements migratoires[29]. Cela donne lieu à une offre de main-d'œuvre constante et importante qui permettait de maintenir la rémunération du travail à des niveaux faibles. Il n'est donc pas surprenant que le travail agricole salarié soit le principal foyer de misère dans ces pays (jusqu'à aujourd'hui) et le plus touché par les famines qui ont dévasté la région entre la fin du XIXe siècle et le milieu du XXe.

La structure économique qui en résulte est à l'origine d'une concentration des richesses. L'activité économique principale (la plantation agricole) ainsi que l'acti-

27. En réalité, la façon avec laquelle la plantation s'est introduite révèle indéniablement une volonté de maximiser les profits par les colonisateurs, au détriment souvent de principes moraux et juridiques qui ne peuvent aujourd'hui être négligés. Il suffit d'observer que les grandes cultures introduites sous la forme de plantation par les Européens en Asie étaient le thé, le jute et l'opium. S'agissant de l'opium, il est intéressant d'observer que le gouvernement anglais a garanti le monopole pour l'exploitation et l'exportation du produit en 1856 avec le Traité de Tien Tsien. À partir de cette date et jusqu'en 1935 (quand le traité sera annulé du fait de la pression internationale contraire à ce commerce), l'opium est à l'origine d'une part importante des profits de la Couronne anglaise avec la production et le commerce de produits agricoles des colonies (11 % entre 1891-1892) et encore 9 % entre 1911 et 1912. On peut noter que pour ce « produit » (contrairement à ce qui s'est produit avec la production manufacturière locale), il y a eu une volonté britannique « de créer un marché » en Asie, qui a été et est encore la région où la consommation de drogue est la plus haute.

28. Cf. G. Myrdal, *Asian Drama, op. cit.*, pp. 447 et ss.

29. Cf. le tableau expliquant les flux de commerce intra-régional et les flux migratoires de la région dans G. Myrdal, *Asian Drama, op. cit.*, pp. 462-464. Ces flux correspondent aussi à la différence d'intensité d'implantation de l'agriculture de plantation dans les régions (aujourd'hui différents pays). Ainsi, la plantation a été plus intense dans les régions qui aujourd'hui correspondent à l'Indonésie, le Ceylan et la Birmanie, alors que dans les pays comme la Chine et l'Inde, les terres étaient majoritairement dédiées à la petite agriculture et à l'agriculture de subsistance.

vité secondaire (l'industrie) s'exercent de façon monopolisée ou oligopolisée, et assurent la captation par certains des ressources de la société. Le système de plantation est dirigé et dominé par de grandes compagnies coloniales, lesquelles exploitent et exportent la totalité de leurs produits.

Il s'agit d'un monopole d'exportation de produits mais surtout d'utilisation des facteurs de production. En raison de l'aridité de la terre par rapport à celle d'Amérique latine, l'effet d'éviction du système de plantation au détriment d'autres activités économiques ne découle pas seulement de la concentration des investissements dans l'activité agricole. Elle est une conséquence naturelle de la substitution d'autres cultures par la plantation. Comme ces cultures extensives sont destinées à l'exportation (le thé, le jute) ou lorsqu'elles sont destinées au marché interne ce n'est pas pour satisfaire les besoins primaires de la population (bien au contraire, par exemple le cas de l'opium), ces pays deviennent des importateurs de produits agricoles. Cette spécialisation agricole entraîne donc d'importantes conséquences sociales et économiques négatives.

La même situation se produit sur le marché du travail. Comme nous l'avons déjà vu, l'excédent de main-d'œuvre et les mouvements migratoires créent une importante main-d'œuvre agricole. Il en résulte une perte ou du moins une stagnation de la valeur réelle des salaires. Il est ainsi possible d'extraire une plus-value du facteur travail.

Enfin, le marché de consommation subit également les effets du monopole colonial. Les manufactures importées et vendues sous forme de monopole par les métropoles ou par les compagnies coloniales créent de la plus-value, étant donné l'absence de production locale.

Il reste encore un dernier effet structurel important qui découle de l'interaction entre la forme de production industrielle et l'agriculture de plantation en Asie. L'activité industrielle n'était pas assez importante, entre les XIXe et XXe siècles, pour être complémentaire à l'agriculture de plantation en ce qui concerne l'emploi de main-d'œuvre. Une différence importante entre les colonies asiatiques et latino-américaines doit être prise en compte pour bien comprendre ce fait. Alors que dans la seconde moitié du XIXe siècle et au début du XXe, la population des pays latino-américains était assez faible, des pays comme l'Inde comptaient déjà environ 350 millions d'habitants à cette époque. Le fait que, parmi cette population, 1 million seulement se consacrait à l'activité industrielle est assez révélateur.

Le manque de diversité de l'industrie explique alors non seulement le caractère limité des choix de biens de consommation offerts à la population, mais également les déficits constants dans les transactions externes. En employant des quantités limitées de main-d'œuvre, l'impact de l'agriculture de plantation sur l'emploi était faible. Une part importante des ressources humaines restait cantonnée à l'économie de subsistance. L'importance sociale et économique de ce fait n'est pas négligeable. Il suffit d'observer qu'en 1950 encore, dans des pays comme l'Inde, 40 % des revenus étaient non monétaires, à savoir qu'ils provenaient de l'agriculture de subsistance ou du troc.

Lorsque la croissance industrielle est dynamique, apparaît alors un fossé entre l'économie développée et modernisée des villes et la réalité de la population employée dans l'activité agricole et de subsistance ou dans le travail agricole salarié. L'absence d'intervention étatique visant à favoriser l'augmentation de la productivité agricole, exceptée l'agriculture monopolisée de plantation, contribua à aggraver la situation de pauvreté et à la marginalisation sociale de cette partie de la population au XXe siècle[30].

§2. Le processus de décolonisation et la résistance des structures économiques

La décolonisation de l'Asie, comme tout long processus, connaît de fortes ruptures. L'idéologie libératrice, dont avaient participé les colonies en apportant leur aide aux alliés européens dans leur effort de guerre contre le nazisme et les Japonais pendant la Seconde Guerre mondiale, n'était absolument pas compatible avec la domination coloniale.

En outre, les peuples colonisés avaient pris conscience de l'importance de l'intervention de l'État dans le processus de développement industriel. Des industries telles que celle existant en Inde s'étaient beaucoup développées pendant la guerre (bien qu'il s'agissait surtout d'industrie lourde et liée à l'appareil militaire) compte tenu de la participation de la colonie indienne à l'effort de guerre anglais.

Esprit libérateur, d'une part, et intervention de l'État pour développer l'investissement d'autre part, ne sont pas des concepts compatibles avec la réalité coloniale. L'ascension à l'indépendance, dans l'après-guerre, a été une période importante pour rompre avec le modèle économique colonial. Il convient maintenant de vérifier jusqu'à quel point cette rupture a été réalisée.

Il est bien sûr difficile de faire une analyse globale du processus de décolonisation dans toute l'Asie. Il a jusqu'à présent été possible, malgré des généralités, d'identifier des traits communs s'agissant d'un processus de colonisation fondé sur certaines politiques homogènes et contrôlé par un petit groupe de métropoles coloniales (principalement l'Angleterre).

Tel n'est pas le cas après l'indépendance. Les politiques des pays varieront beaucoup en fonction des caractéristiques régionales et des politiques spécifiques. Toutefois, des traits communs subsisteront du fait des structures économiques communes construites pendant la période coloniale et de leur extraordinaire capacité de mutation et de résistance (comme en Amérique latine).

Cette exception soulignée, il y a lieu d'examiner rapidement l'histoire économique postcoloniale de l'Inde, dans la mesure où elle offre une illustration intéressante (et exemplaire pour la région) de la difficile cohabitation entre la rupture et la continuité des structures coloniales.

30. Cf. G. Myrdal, *Asian Drama*, vol. 2, Middlesex, Penguin Books, 1968, pp. 1225 et ss.

L'histoire postcoloniale de l'Inde se caractérise d'abord par le choix affiché de ce pays pour la planification économique. Bien que dans la période d'après-guerre toute l'Asie et notamment l'Inde souffrent des effets directs de la Guerre froide, en établissant des alliances complexes avec les deux grands blocs, il est difficile d'affirmer que la planification économique adoptée durant ces années est la conséquence d'une imposition ou d'un alignement programmatique. Elle correspond davantage à la nécessité d'affirmer une politique propre et opposée au néfaste « laissez-faire » en vigueur pendant une période assez longue de la domination coloniale.

Cette situation est une caractéristique des plans quinquennaux. Tous les cinq plans quinquennaux appliqués à partir de 1950 ont favorisé des investissements dans les infrastructures (irrigation, électricité, routes de fer et communications), qui étaient alors inexistants (ou presque inexistants) pendant la période coloniale. Il s'agit là certainement d'une rupture avec le passé.

Il existe néanmoins d'importants éléments de continuité. Pendant une bonne partie de la période d'économie planifiée, ces investissements ont été des instruments de croissance des entreprises privées déjà existantes. L'infrastructure a donc servi à cela ; ainsi que le soutien considérable et direct (via des financements ou la participation au capital) donné à des industries privées dans des secteurs considérés comme stratégiques, comme le fer, l'acier, etc.[31]. Comme on le verra, cela contribuera fortement à la consolidation des monopoles privés dont la puissance augmentera durant la troisième période économique qui sera analysée (cf. *infra* chap. 3).

Par ailleurs, les deux plans initiaux avaient surtout comme objectif précis de soutenir les petites et moyennes entreprises. Ils disposaient pour ce faire d'instruments économiques puissants tels que le financement, le recouvrement d'impôts différenciés pour les petites et moyennes entreprises et même la protection économique directe, empêchant dans quelques cas l'entrée de produits concurrents dans les régions (les petites et moyennes villes protégées). Toutefois, il est difficile de considérer la politique de protection envers les petites et moyennes entreprises comme marquant une rupture avec la période coloniale. En réalité, elle a été appliquée dans les deux premiers plans sous l'influence directe de la philosophie gandhienne. L'un des objectifs principaux était l'augmentation de l'intensité du travail du villageois indien afin d'accroître son niveau culturel et d'éliminer la paresse[32]. Cet objectif a vraisemblablement été atteint, comme l'a été celui d'induire la croissance des petites et moyennes entreprises. Entre les années 1950 à 1970, le Sud de l'Asie a connu une croissance importante des petites et moyennes entreprises grâce à l'action de ces plans[33].

31. Sur les objectifs et résultats des plans quinquennaux, cf. A. Vaidyanathan, « The Indian economy since independence (1947-1970) », *The Cambridge Economic History of India*, vol. II (1757-1970), pp. 947 (963 et ss.).

32. « In my opinion, village uplift is impossible unless we solve the pressing economic distress. Therefore, to induce the villagers to utilize their idle hours is in itself solid uplift work » (Gandhi, *Rebuilding the villages*, Harijan 11 novembre 1934, p. 35, cité par G. Myrdal, *Asian Drama*, *op. cit.*, vol. 2, p. 1236.)

33. Cf. G. Myrdal, *Asian Drama*, *op. cit.*, vol. 2, p. 1235.

Leurs impacts structurels sur la distribution des revenus ont toutefois été faibles. Alors que la diminution du chômage faisait partie des objectifs, les résultats en la matière ont été minimes, précisément parce qu'aucune modification de la structure économique agricole fondée surtout sur l'agriculture de subsistance, et dans certains lieux, sur l'agriculture de plantation, n'avait été proposée. Le maintien de la structure économique coloniale dans la zone rurale est l'un des grands responsables de l'état de pauvreté de vastes régions d'Inde et d'Asie du Sud-est.

Il est difficile d'évaluer de façon statique les résultats de cette double stratégie de croissance, qui allie, d'un côté, l'action en faveur du développement d'infrastructures et des grandes entreprises et de l'autre, l'action en faveur du développement des petites et moyennes entreprises[34]. Les résultats de la croissance économique sur cette période — au-delà de ce qui était prévu par les plans et des taux de croissance d'autres régions (Amérique latine à la même période) — sont peu déterminants[35]. En effet, non seulement ils n'indiquent pas le degré de développement économique (qui exige l'amélioration des indices sociaux), mais aussi et surtout parce que ces résultats, évalués sur une période de temps plus longue, jusqu'à présent, peuvent avoir des significations assez différentes. C'est ce que l'on verra dans le chapitre 3.

Pour l'instant, il convient d'identifier les limites structurelles de ces économies et quels sont leurs effets sur la mise en œuvre desdits plans. Les premières de ces limites sont externes. Le développement limité de l'industrie asiatique ne permettait qu'une croissance économique faible. La planification économique asiatique n'a jamais eu comme objectif principal des politiques de substitution d'importations. Contrairement à l'Amérique latine, l'objectif à l'époque était le développement industriel tourné tant vers l'exportation que vers le marché interne. Indépendamment de l'analyse dynamique, c'est-à-dire des effets à moyen terme de cette politique, cette dernière est indubitablement à l'origine de limites de ces économies. Outre l'entrave à la croissance de certains secteurs, qui ne pouvaient pas bénéficier des capitaux externes, il y avait aussi des déséquilibres dans la balance des paiements produits par les flux externes négatifs. Cette situation provoqua aussi en Asie d'importants effets inflationnistes, avec des conséquences négatives sur la croissance et sur les indices sociaux.

Les limites structurelles internes sont principalement la mauvaise distribution des revenus et la précarité du marché de consommation qui en découle. Ces structures internes sont les seules capables de maîtriser la dépendance externe et les

34. L'idée de double stratégie de développement a toujours été présente dans les esprits des planificateurs indiens. En ce sens, la déclaration d'une personnalité importante ayant participé à la planification P. Mahalanobis : « in India a dual strategy was adopted from 1956 in the second plan to expand, on one side, the strategic heavy industries for steel, metals, machinery, electricals and chemicals etc., to build the foundations of industrial progress, and at the same time also to expand the traditional cottage industry and small scale production » (P. Mahalanobis, *Perspective planning in India : statistical tools*, Co-existence, May 1964, p. 62, cité par G. Myrdal, *Asian Drama*, *op. cit.*, vol. 2, p. 1226).

35. Entre 1950-1970, la croissance économique moyenne de l'Inde a été de 3,25 % contre 5 % prévus à partir du second plan quinquennal. Cette croissance a été inférieure à celle de l'Amérique latine pour la même période. Sur les résultats de la période en Inde, cf. A Vaidyanathan, « The Indian economy since independence (1947-1970) », *op. cit.*, pp. 966 et ss.

relations commerciales inégales créées. Aucune des politiques économiques adoptées à l'époque n'a eu pour objectif effectif de développer le marché de consommation. Toutes étaient dirigées, selon la tradition schumpetérienne, vers le développement et l'élargissement de l'offre. La politique de promotion des grandes industries stratégiques, fondée sur le capital et non sur le travail (alors que la captation de capitaux était réalisée à l'extérieur), ne créait pas beaucoup d'emploi ni de revenus.

Il s'agissait pourtant d'une nécessité pour des économies qui étaient centrées pendant 150 ans sur l'agriculture. Les politiques coloniales favorables à l'agriculture de plantation, au détriment des manufactures, ont contribué à l'augmentation de la pauvreté agricole. L'artisan pauvre des petits villages était devenu soit un salarié des plantations, soit un petit agriculteur. Il profitait peu des revenus monétaires et ne possédait aucun pouvoir économique ou aucun moyen d'action dans la sphère économique (les *entitlements* de Sen). Même les actions publiques de développement des petites et moyennes entreprises, destinées aux entreprises et non à la création de revenus, ne pouvaient faire face à cette réalité.

Le résultat de cette situation est caractéristique des économies sous-développées. Le secteur industriel, qui se montrera plus dynamique durant la période suivante (à partir de 1990) et qui est à l'origine du niveau actuel de croissance économique de ces pays, cohabite avec une pauvreté agricole. L'inégalité absolue non seulement de revenus, mais aussi dans le fonctionnement économique des différentes sphères de ces sociétés, est une caractéristique de ces dernières.

Il est en outre difficile de trouver une solution à ce problème surtout si les structures économiques sont maintenues. La tendance à la croissante monopolisation des activités favorise la séparation des sphères. Le triple drainage opéré par les monopoles (au niveau du marché de consommation, du travail et entre les secteurs économiques) limite la distribution des revenus et rend plus difficile le développement de secteurs où la pauvreté est importante.

Section 3

Structures sociales : comparaison

La période d'industrialisation, entre 1940 et 1980, représente du point de vue des structures économiques et sociales une transition du colonialisme vers l'internationalisation de l'économie libérale des années 1990. Il s'agit d'une transition sans rupture qui maintient les structures de concentration et de marginalisation sociale. C'est ainsi que les conditions de pauvreté identifiées à la fin de la période coloniale se modifient peu lors de l'industrialisation. Le système de production change, mais le triple drainage économique continue d'exister du fait des structures monopolistiques permanentes ou peu modifiées.

En Amérique latine, l'augmentation de la pauvreté urbaine qui accompagne l'industrialisation est le reflet d'un système économique hérité du colonialisme caractérisé par un excédent de main-d'œuvre, où la pauvreté dépend structurellement de cycles économiques. La pauvreté est mobile, étant d'abord majoritairement agricole pour devenir ensuite fortement urbaine durant la période d'industrialisation.

En Asie, le modèle colonial de pauvreté agricole demeure. Ici, à la différence de l'Amérique latine, les cycles économiques — comme conséquence de la conception libérale et non interventionniste aussi bien du colonisateur marchand (les grandes compagnies des Indes) que de son successeur (le colonisateur étatique du XIXe siècle, dont l'exemple typique est le *raj* anglais en Inde) — ne s'occupent pas de la population marginalisée des zones rurales. C'est une des raisons pour lesquelles il existe, au XXe siècle et encore au XXIe siècle, une pauvreté rurale importante dans ces pays (plus importante qu'en Amérique latine).

La conservation des structures sociales influencées par le pouvoir des structures économiques permet aussi (et ce mouvement de causalité réciproque fait partie de l'histoire) de maintenir et de renforcer les mêmes structures économiques de pouvoir. Cette situation s'accompagnera par la suite de réformes importantes du capitalisme international dans les années 1990. C'est ce que l'on étudiera ci-dessous.

Chapitre 3
Internationalisation des relations économiques et internationalisation des monopoles

Section 1

L'internationalisation des relations économiques et ses effets sur les pays en voie de développement

À partir des années 1990, les relations économiques se modifient considérablement.

Comme nous l'avons vu dans le chapitre précédent, l'industrialisation des pays d'Amérique latine et d'Asie n'a pas modifié la configuration économique interne de ces sociétés. Par conséquent, dans les deux régions (et parfois pour des raisons différentes), le processus d'industrialisation est responsable du maintien et même de l'augmentation de la dépendance externe. On peut citer comme exemple la politique de croissance à travers la substitution des produits d'importations en Amérique latine (cf. *supra* chap. 2, Section 1, §2).

Il n'est donc pas surprenant que, parallèlement à la croissance économique, l'endettement externe de ces pays de 1950 à 1970 ait considérablement augmenté. Au lieu de diminuer, la dépendance macroéconomique entre ces systèmes et le monde développé s'est aggravée.

Les conséquences ont été immédiates. Face à la grande crise inflationniste américaine des années 1970, la réponse macroéconomique qui fut adoptée a eu des effets directs et importants sur les économies en développement. Avec l'augmentation des taux d'intérêts pratiqués à partir de 1979 par la FED nord-américaine, le service de la dette devient insoutenable pour une grande partie des pays en voie de développement de l'hémisphère Sud[1].

Il en résulte immédiatement une réduction, voire une quasi-disparition de la capacité de croissance de ces pays, entraînant ainsi dans la décennie de 1980 une période de croissance nulle ou négative dans lesdites régions. En outre, à moyen terme, les conséquences sont encore plus graves. Les États, dévastés et épuisés par le service de la dette, doivent concentrer leurs efforts économiques sur les exportations afin d'augmenter leurs réserves de dollars.

Ces événements ne sont pas à eux seuls à l'origine de la libéralisation économique réalisée dans ces pays à partir des années 1990. Comme pour les périodes précédentes, la dépendance économique est plus assurée par les structures économiques internes de ces régions, enracinées depuis l'époque coloniale, que par des éléments conjoncturels. Ainsi, la crise devient très importante lorsque le modèle de substitution des produits d'importation ou de croissance industrielle fondée sur la grande industrie et sur la diversification industrielle produit ses effets macroéconomiques. L'asphyxie économique produite par la concentration industrielle et par l'insuffisance de la demande interne, ainsi que l'absence d'un parc industriel varié et créatif contribuent à la spirale inflationniste de la plupart de ces pays.

Face à l'absence de volonté de modifier les structures économiques internes, la seule solution est l'ouverture complète des économies à des investissements étrangers. Ce processus favorise dans un premier temps les exportations de *commodities* et crée des flux de produits industriels sur le marché interne, nécessaires pour réduire les pressions inflationnistes créées par les structures économiques. Mais, comme on le verra, les intérêts dominants concernés par le processus d'internationalisation économique sont bien différents de ceux des pays en voie de développement.

Section 2

Les nouvelles structures du marché

Le temps permet de décanter les idées pour définir les concepts. Il n'y a aujourd'hui plus de doute en historiographie économique sur l'identification des intérêts concernés par l'exploitation coloniale. Comme nous l'avons déjà étudié dans le chapitre 1, il n'existe plus de controverses sur la question du besoin du capitalisme colonial de chercher des nouveaux produits et des matières premières, à l'instar du débat concernant l'époque industrielle lorsqu'il était question de chercher des marchés pour les produits industrialisés.

1. Pour une description des effets de la doctrine Volcker appliquée par la Banque centrale nord-américaine (FED) à partir d'août 1979 aux pays asiatiques et latino-américains, cf. J. Frieden, *Global capitalism — its fall and its rise in the twentieth century*, New York, Norton & Company, 2006, pp. 372 et ss.

Bien que les débats sur les effets économiques de l'internationalisation de l'économie soient dépassés, il paraît de plus en plus clair, vingt ans après son établissement, que l'internationalisation économique répond à une politique d'extension des frontières du capitalisme.

Aucun phénomène d'internationalisation (ou de globalisation) ne peut être réellement compris sans l'appréciation de la progression des structures monopolistiques et des marchés. En réalité, l'histoire récente du capitalisme montre que, du point de vue des entreprises engagées dans le processus de production de biens et de services, la progression géographique des marchés est nécessaire. Les profits tendent à décroître au cours du temps dans les régions développées industriellement et technologiquement, en raison de la concurrence entre les entreprises. Il faut alors chercher de nouveaux marchés où la concurrence n'est pas aussi intense et où des profits monopolistes peuvent être réalisés.

En outre, la recherche effrénée de nouveaux marchés se justifie par la volonté de réduire les coûts de production. La production dans les pays où le coût de la main-d'œuvre est faible représente un attrait constant et est en bonne partie responsable de la délocalisation des unités industrielles des entreprises multinationales vers les pays moins développés de l'hémisphère Sud. Comme on le verra, cette circonstance est l'une des causes de l'augmentation du taux de chômage dans les pays développés.

Cette tendance naturelle à l'expansion régionale s'explique par l'histoire de l'évolution de la concentration économique. Il est possible de reconstituer les raisons historiques des phases successives de fusions et d'acquisitions des sociétés par rapport à la nécessité de chercher de nouveaux marchés géographiques. Ainsi, par exemple aux États-Unis, les premières fusions et acquisitions, entre 1897 et 1904, s'expliquent par le besoin de développer la base industrielle de l'époque, en dehors des marchés locaux et régionaux, sur le marché national. Ensuite, à partir des années 1920, on observe des fusions et acquisitions entre des sociétés américaines et britanniques dans des étapes successives, répondant à des besoins d'expansion géographique de plus en plus transnationale de différents types d'industries ayant besoin d'améliorer leur productivité[2].

Les mouvements corrélés d'internationalisation et de monopolisation progressive du système économique ont des conséquences sur la configuration économique aussi bien des pays développés que des sous-développés. Ces conséquences ne sont pas négligeables et sont en grande partie responsables des crises cycliques de plus en plus graves qui concernent l'économie internationale.

La première de ces conséquences concerne surtout les pays en voie de développement ou sous-développés. Il s'agit de la perte de la « nationalité économique ». Cette idée de nationalité économique est proposée, dès le début, par des écono-

2. Pour une description et des données chiffrées de cette relation entre les fusions-acquisitions et l'expansion géographique des grandes entreprises, cf. B. Milward, *Globalization? Internationalization and monopoly capitalism*, Cheltenham, Northampton, Elgar, 2003, pp. 42 et ss., spéc. la section « the history of mergers and take overs »).

mistes français[3] pour déterminer l'ensemble des caractéristiques particulières des relations économiques, d'une part, entre des particuliers, et d'autre part, entre ces derniers et l'État dans l'histoire économique de chaque pays, permettant un développement interne. Les relations économiques et sociales se confondent, ce qui rend cet espace économique distinct, alors que ces caractéristiques sont indispensables à l'élaboration d'un projet de développement indépendant.

Cependant, le processus d'internationalisation économique a pour effet direct de faire perdre complètement cet élément de nationalité économique. Il ne doit plus exister de caractéristiques particulières, économiques ou juridiques, dans le processus économique. Il ne doit plus exister de projet différent de développement, mais uniquement un projet directement en rapport avec l'insertion sur le marché international. En outre, il ne doit plus exister de modèle juridique différent, mais seulement un modèle lié au processus d'internationalisation des marchés. En d'autres termes, la direction et le contrôle du processus de développement ou de sous-développement ne sont plus de la compétence de la sphère nationale. Par ailleurs, la gestion de ce processus économique n'est pas transférée à n'importe quelle entité dotée d'une certaine particularité, mais à l'ensemble des agents qui composent le marché international[4]. Cette situation marque le début des grandes crises des marchés financiers mondiaux de la seconde moitié des années 1990 et du début du XXIe siècle.

La deuxième grande conséquence, peut-être plus importante que la première — car elle est directement liée au transfert des entreprises multinationales vers des lieux où le coût de production est moindre — est la dimension internationale du chômage et du sous-emploi. Dans les pays développés, le chômage s'explique par la substitution d'industries de travail intensif par des industries de capital intensif et par la délocalisation. Dans les pays sous-développés, c'est l'introduction de technologies de production capables de diminuer au maximum l'utilisation de la main-d'œuvre qui est à l'origine du chômage. Comme on le verra, c'est une conséquence directe de la structure monopoliste qui existait dans les anciennes colonies et qui sera renforcée par le phénomène d'internationalisation.

Ce chômage structurel n'a pas seulement des effets sociaux (l'exclusion), il a également des effets économiques. La disproportion entre l'offre, qui est en constante progression et de plus en plus complexe, et la demande, qui est de plus en plus limitée, à cause de ces mouvements d'exclusion, caractérise notre époque. Les phénomènes de crises de plus en plus graves et de stagnation économique représentent un risque réel désormais.

La modification du fonctionnement de l'activité économique favorisée par l'industrialisation concerne aussi les économies des anciennes colonies.

3. Le concept a d'abord été proposé par F. Perroux, *Le capitalisme*, Paris, PUF, 1962, pp. 125 et ss., puis approfondi par S. Latouche, *Les dangers du marché planétaire*, Paris, Presse de la FNSP, 1998, pp. 46 et ss.

4. Certains chiffres sur la participation des multinationales dans l'activité économique internationale permettent de préciser cette idée : à la fin de 2005, les ventes des filiales multinationales représentaient 10 % du PIB de la planète (contre 7 % en 1990) et trois fois et demie le niveau des exportations mondiales. Sur ce chiffre, cf. C. Chavagneux, « Les acteurs de la mondialisation », *Les enjeux de la mondialisation*, Paris, La Découverte, 2007, pp. 38 et ss.

Ces modifications favorisent le développement des structures concentrées qui existaient déjà auparavant. À l'économie primaire fondée sur l'exportation concentrée de quelques conglomérats, s'ajoutent d'autres monopoles, des entreprises internationales qui délocalisent leur production.

En outre, il y a des conséquences plus graves. Le réseau de protection sociale, traditionnellement garanti dans ces pays par la prestation de services publics de l'État, disparaît rapidement au profit de prestataires privés (en règle générale étrangers) en régime de monopole. C'est la conséquence du processus de privatisation des services publics. En Amérique latine, ce processus a des aspects plutôt négatifs. Comme nous l'avons déjà mentionné, la crise de la dette explique en partie la libéralisation économique désordonnée des années 1990. Dans ce contexte, l'objectif de la privatisation des services publics en Amérique latine est destiné (mais souvent sans succès) à diminuer les déséquilibres budgétaires de l'État.

Les privatisations sont alors considérées comme la meilleure solution, de sorte qu'il faut vendre les entreprises au meilleur prix. Cela signifie, le plus souvent, vendre des entreprises monopolistes sans créer de cadre réglementaire et légal offrant des alternatives aux usagers ou même sans instaurer de limites à l'activité de monopole[5].

La conséquence est que le système économique reste dépendant des structures monopolistiques, dont les activités concernent des secteurs socialement sensibles comme les services publics sociaux.

La situation présentée dans les chapitres 1 et 2 sur les trois drainages de l'économie des pays en voie de développement ou sous-développés à l'époque coloniale ou celle de l'industrialisation devient plus complexe. Il convient donc d'étudier de manière schématique les effets de la structuration monopoliste de l'activité économique autour des trois objets traditionnels de drainage des ressources monopolistes : le marché de la consommation, le marché du travail et les autres secteurs économiques.

§1. Monopoles technologiques, contrôle de l'information et consommation

C'est sur le marché de la consommation que se produit l'une des plus importantes modifications impactant le fonctionnement du système économique.

La théorie néoclassique de domination du marché par le contrôle de l'offre des produits, c'est-à-dire selon laquelle il y a concentration économique selon qu'il y ait ou non un seul producteur dominant tous les produits éventuellement de subs-

5. Cette situation existe au niveau international dans des secteurs comme celui des télécommunications ou de l'énergie : dans le premier, rien n'a été véritablement fait pour lutter de manière efficace contre la concentration du pouvoir économique ; dans le second, la déréglementation n'a pas été suivie par la mise en place d'une régulation adaptée. Ces deux secteurs se caractérisent par une action publique insuffisante de lutte contre les structures concentrées de pouvoir économique.

titution, ne s'applique pas à une économie de haute technologie. Le contrôle de l'information est beaucoup plus important que celui de l'offre.

En réalité, si les informations sont contrôlées, il n'est pas nécessaire de contrôler l'offre. L'information est un préalable à la décision sur les variables du marché et non le contraire. C'est pourquoi une forme nouvelle et importante de structure monopoliste, caractéristique de la fin du XXe siècle, est celle qui vise au contrôle de l'information.

Par ailleurs, l'information est un élément qui s'approprie et s'exploite assez facilement. Sa diffusion publique s'effectue de façon inégale selon les agents économiques. Lorsque ces derniers arrivent à limiter le choix des consommateurs, ils s'approprient des informations. La diffusion inégale qui en résulte garantit aux détenteurs d'informations un pouvoir important.

Ce pouvoir se manifeste de différentes manières et pas seulement par une économie de pénurie. En réalité, comme George Akerloff l'a démontré[6], le défaut d'informations peut même conduire à la disparition du marché. Par conséquent, il est très important d'étudier les structures capables de capturer et de concentrer des informations, puisqu'elles constituent un risque pour les consommateurs.

Un exemple intéressant de « structure monopolistique moderne » fondée sur la concentration d'informations sont les conglomérats verticalement intégrés. Dans tous les systèmes juridiques, ces structures peuvent se constituer librement dans les années 1990 du fait de la réglementation antitrust favorable à ce type de structure. En effet, l'analyse antitrust actuelle est relativement limitée en matière de concentrations verticales. Il n'existe pas de critères précis permettant de déterminer quelles sont les concentrations qui doivent être soumises à un contrôle (les critères néo-classiques portant sur la définition de marché conduisent à mesurer le pouvoir horizontal). Quant aux critères de sanction, l'idée qui prévaut encore aujourd'hui (directement inspirée de l'École de Chicago) est que seules les concentrations verticales qui ont un effet horizontal peuvent être punies.

Or, de telles analyses ne tiennent pas compte du fait que les concentrations verticales ne produisent pas directement tant d'effets sur l'offre, ou la demande mais plutôt sur le niveau d'informations. Les coûts de transaction engendrent en réalité un résultat informationnel qui ne doit pas être négligé. Les conflits entre agents économiques d'une même chaîne productive sont une source importante d'informations pour les consommateurs. L'élimination des coûts de transaction a pour effet secondaire de limiter les informations concernant d'innombrables facteurs importants pour la concurrence comme l'économie de pénurie, le point d'équilibre, la qualité du produit, la structure des coûts, etc.

À cela s'ajoute un autre type de structure, notamment sur le marché des nouvelles technologies (internet, téléphonie, etc.). Il s'agit des monopoles technologiques. À l'instar de la concentration verticale, ces monopoles permettent, dans de nombreux cas, une forte concentration d'informations.

6. G. Akerloff, « The market for lemons : quality uncertainty and the market mechanism », *Quarterly Journal of Economics*, vol. 84 (1970), pp. 488 et ss.

Ces monopoles se fondent sur la détention et sur l'amélioration des technologies qui permettent la création de réseaux et la réalisation d'économies d'échelle. Les réseaux et économies d'échelle profitent au consommateur. L'investissement dans la création de technologies qui visent à rendre incompatible un réseau avec d'autres systèmes ou d'autres réseaux supprime toute option. Face à l'impossibilité d'utiliser un produit alternatif au réseau dominant, le consommateur ne peut pas disposer d'informations suffisantes pour faire éventuellement d'autres choix. Il s'agit de la technique dite de limitation des informations, très utilisée au niveau international ces dernières décennies, surtout par les industries du logiciel[7].

Le monopole a ici deux effets négatifs : il limite l'information et favorise l'investissement technologique dans la création d'incompatibilités[8] et non vers une amélioration réelle pour le consommateur[9].

7. Le comportement de *Microsoft* illustre cette situation. La pratique consistant à créer des incompatibilités techniques entre ses produits et les systèmes d'exploitation concurrentiels en est un exemple intéressant. Cette pratique repose sur la logique suivante : dans la mesure où rien ne garantit que les logiciels d'application fonctionnent aussi bien avec les systèmes d'exploitation de Microsoft qu'avec d'autres produits, le consommateur préfère utiliser le logiciel compatible avec le système d'exploitation le plus courant, car son utilité est garantie. Par exemple, un traitement de texte incompatible avec Word a très peu d'utilité aujourd'hui. Aux États-Unis, le Département de Justice a décidé en juillet 1994 d'introduire une action civile pour sanctionner les CPU *license* et la pratique développée par *Microsoft* consistant à exiger des fabricants d'ordinateurs qu'ils acquièrent avec leur système d'exploitation d'autres systèmes d'exploitation ou d'autres applications créées par *Microsoft*. En juillet 1995, la Cour s'est prononcée en faveur du Département de Justice. La création d'incompatibilités s'est néanmoins reproduite lorsque *Microsoft* a commencé à développer des produits pour Internet, selon une technologie particulière afin d'éviter que ses produits perdent leur originalité. Une importante stratégie prédatrice contre *Netscape Navigator* a alors été mise en œuvre. Dans un premier temps, *Windows 95* était vendu avec son *browser Microsoft Explorer*, ce dernier était offert de façon gratuite. Parallèlement, un nouveau programme a été créé : *Windows 98*. Les spécialistes en ce domaine s'accordent pour affirmer que *Windows 98* n'a apporté pratiquement aucune innovation ou amélioration technologique significative par rapport à *Windows 95*. Il a néanmoins apporté un changement très important du point de vue concurrentiel. Désormais, le logiciel d'accès fait partie intégrante du système d'exploitation, et ne peut donc être séparé physiquement ou techniquement. L'utilisation du Navigator est en outre impossible. Les défenseurs de *Microsoft*, inspirés par les théories néoclassiques concernant la vente liée, prétendaient que dans cette situation, le lien entre *Windows 98* et *Explorer* n'était pas illégale (cf. G. Priest, « A case built on wild speculation, dubious theories », *The Wall Street Journal*, 19/05/98, p. A22). Or, ce point de vue est très critiquable. En effet, la prédation peut être ici mise en évidence dans la mesure où *Microsoft* a engagé des dépenses importantes pour développer un programme qui n'apporte aucune innovation pour le consommateur (*Windows 98*), qui doit alors être vendu au même prix ou même en dessous du prix du programme précédent (*Windows 95*). Ce comportement a permis d'éliminer le concurrent du marché : alors qu'en 1995 *Navigator* disposait de plus de 70 % du marché, il est descendu à moins de 40 %, tandis que *Internet Explorer* détenait 60 % du marché. Les externalités directes et indirectes du système d'exploitation *Microsoft* permettent d'éliminer le concurrent du marché, ce qui caractérise une intention illicite. En septembre 2007, le Tribunal de première instance de la Commission européenne a confirmé une décision de 2003 qui indiquait que *Microsoft* devait divulguer les informations nécessaires permettant aux systèmes d'exploitation concurrents d'interagir complètement avec les desktops et les serveurs de *Windows*. En outre, en janvier 2008, la Commission européenne a ouvert deux enquêtes formelles pour sanctionner les abus de position dominante de *Microsoft*, consistant aussi à lier illégalement la vente du navigateur *Internet Explorer* à celle du système d'exploitation *Windows*. Cf. http://europa.eu/rapid/pressReleasesAction.do?reference=MEMO/08/19&format=HTML&aged=0&language=EN&guiLanguage=en

8. La situation actuelle des monopoles technologiques, qui investissent surtout dans la création d'incompatibilités et de barrières pour les concurrents et ne visent pas prioritairement l'amélioration du produit pour les consommateurs, est un élément qui va à l'encontre de la thèse schumpétérienne concernant la relation entre le monopole et le développement technologique. De nos jours, le monopole et la technologie défensive sont la règle (cf. note 7 du présent chap. et note 24 de l'introduction).

9. Cf. note 25 de l'introduction.

On peut aisément conclure qu'un tel contrôle de l'information ne peut que créer artificiellement des besoins nouveaux pour le consommateur. Cette situation est caractéristique de la consommation actuelle.

En réalité, la consommation n'est pas un produit exclusif de l'époque actuelle. Elle existe depuis l'introduction du rationalisme scientifique. Comme Marcuse le démontre dans son analyse sur les effets de la rationalité scientifique et du processus technologique sur la perception humaine de la réalité, le processus productif devient le moteur effectif du raisonnement et de l'action[10]. L'action et la pensée personnelle sont substituées par la logique et la rationalité du processus productif. Dans ce transfert, le processus productif finit aussi par assumer un rôle d'agent moral. C'est pourquoi on tente d'expliquer le droit et les sciences sociales à partir de déterminants économiques.

L'esprit heureux et tranquille qui émerge alors à ce moment (*Happy Conciousness*) provoque une admiration envers le processus productif et le besoin relatif de biens qui en découle. C'est à ce moment que le consumérisme apparaît. L'absence d'esprit critique envers le système engendre un enthousiasme instinctif envers ses produits. Le consumérisme est ainsi lié à l'idéal rationnel et technologique de la Révolution industrielle.

Avec le processus de concentration de l'information et d'internationalisation de la fin du XXe siècle, le consumérisme se caractérise par de nouvelles formes. Celui qui ne possède pas de biens est victime d'exclusion. Pour atteindre le bonheur, l'homme « unidimensionnel » (pour reprendre l'expression de Marcuse) doit nécessairement avoir le sentiment de faire partie du processus rationnel et technologique de production. En présence d'innovations technologiques qualifiées chacune à leur tour de révolutionnaires et détruisant les technologies anciennes, l'individu, en l'absence d'information ou d'alternative qui pourraient lui donner un minimum de conscience critique, se sent obligé de consommer, la consommation assurant un lien avec le processus et le sentiment de ne pas être exclu.

L'idée de consommation en tant qu'élément d'insertion sociale et de nécessité rationnelle introduit alors un élément nouveau. Elle a un impact considérable sur le maintien du niveau de la demande et sur l'augmentation de la production, surtout en ce qui concerne les biens très sophistiqués visant la parcelle de la population incluse dans le processus de production. Mais des effets négatifs existent.

D'une part, le consumérisme excessif crée, surtout dans les économies en voie de développement, une croissance fondée sur des biens de consommation. L'augmentation des besoins (du fait du contrôle des informations existantes) et le défaut de structures industrielles et de services diversifiés (cf. chap. 2) vont entraîner la concentration d'une bonne partie des facteurs de production sur la fabrication de biens de consommation, ou plus précisément sur cette parcelle de biens de consommation qui satisfont aux besoins réels et potentiels de la demande (qui comme on le verra, ne concerne pas toute la population). On voit apparaître un

---

10. Cf. H. Marcuse, *One dimensional man — studies in the ideologies of advanced industrial societies*, Boston, Beacon Press, 1964, pp. 78 et ss.

aspect non productiviste[11] et consumériste de l'activité économique. Cet aspect favorise, d'une part, le fait de dépendre de capitaux internationaux et limite, d'autre part, la création d'un parc industriel interne diversifié.

Il existe par ailleurs une autre conséquence : la création artificielle de besoins nouveaux et l'esprit consumériste augmentent le niveau de la consommation somptuaire. L'environnement, qui est une ressource de plus en plus rare, subit les conséquences de la consommation effrénée et inutile de la société moderne.

Il s'agit du phénomène de l'hyperconsommation, caractéristique des sociétés actuelles. La consommation, détachée de la demande de consommation collective par classe, caractéristique des sociétés des années 1950 et 1960, devient un acte de satisfaction individuelle. Telle quelle, elle est plus sensible à la domination et à l'influence. L'idée de satisfaction de goûts personnels isole l'individu au sein du processus de production. La satisfaction ou l'insatisfaction personnelle engendrent la consommation. L'identité des produits offerts, leur qualité et leur nécessité réelle sont déterminées par des facteurs (de la production monopoliste) étrangers à l'homme et à propos desquels il n'a peut-être même pas d'informations. L'individu, considéré socialement plus autonome à la fin du XXe siècle et du début du XXIe siècle, est assujetti à de nouvelles formes de servitude, notamment celle du monde marchand pour la satisfaction de ses besoins, y compris psychologiques[12].

Cet individu, isolé et hyper-consumériste, est dépendant des déterminismes marchands, des goûts et des volontés créés par les structures concentrant les informations. Ainsi, dans le droit fil de leur mission, les monopoles favorisent de nos jours la société de l'hyperconsommation. L'existence de produits superflus constamment modifiés sans pour autant améliorer leur utilité réelle est la garantie de la continuité du système économique fondé sur des monopoles technologiques (concentrant l'information), tout en étant aussi leur résultat.

Il existe enfin une autre conséquence découlant du système monopoliste-consumériste. Le contrôle de l'information par les producteurs et le consumérisme finissent par créer un système de production quasi indivisible et susceptible de connaître peu de méthodes nouvelles de production. Cela a d'ailleurs été souligné récemment lors d'une étude sur l'environnement. Le problème ne peut bien sûr se résoudre en considérant uniquement les effets de la production industrielle sur l'environnement. La consommation des biens (par ex. l'utilisation de véhicules) représente un risque pour l'environnement.

---

11. On entend par économie productiviste celle tournée vers la production de biens de production. La nomenclature utilisée est celle employée par L. Sklair pour définir les aspects de la production dans l'économie mondiale. Si l'auteur distingue dans les économies développées un aspect productiviste-consumériste de production, il voit dans les économies non développées un aspect non productiviste, mais consumériste de production. Selon lui, cette tendance mondiale à la consommation est due à la concentration mondiale des médias et des agences de publicité, entraînant la création d'une consommation internationale (L. Sklair, *Globalization — capitalism and its alternatives*, Oxford, Oxford University Press, 3e éd., 2002, pp. 164 et ss.).

12. Cette observation est de Gilles Lipovetsky, *Le bonheur paradoxal — essai sur la société d'hyperconsommation*, Paris, Gallimard, 2006. L'auteur analyse les effets de la société d'hyperconsommation sur les caractéristiques psychologiques et même sociales du comportement individuel contemporain.

Les solutions qui prétendent résoudre exclusivement le problème des émissions polluantes par les industries de production ont un effet réel limité par rapport à l'importance du problème. Les solutions notamment inductives, comme le marché de crédits de carbone, sont insuffisantes. Il est extrêmement difficile, voire impossible de calculer toute l'émission de gaz produits par une entreprise entre la phase de production et celle de la consommation finale des biens. Par exemple, dans l'industrie automobile, si on calcule l'impact sur l'environnement de tous les biens (véhicules en circulation à un moment donnée), son pourcentage d'émission de gaz sera très important, et ce, quel que soit le niveau de propreté du processus de production. Si on calcule la valeur d'émission de gaz dans toute la chaîne de production jusqu'à la consommation, le pourcentage d'émission de gaz de cette industrie sera très important. Ainsi, au lieu de vendre des crédits de carbone, cette industrie devrait plutôt en acheter. Le processus de production crée par le système monopoliste-consumériste rend l'accès à l'information très difficile surtout lorsqu'il s'agit de biens dotés d'externalités sociales sur l'environnement.

L'homme mais également le système économique deviennent unidimensionnels et rigides.

A. Structures et concentration de l'information

En réalité, on assiste dans l'économie moderne à une augmentation étonnante de la dispersion d'informations, qui est non seulement liée à l'augmentation des instruments d'accès à l'information mais aussi à sa détention privée toujours plus grande, en raison de la complexité croissante de la structure économique et de l'appropriation privée de la connaissance. La dispersion de l'information profite alors aux agents de façon asymétrique. Lorsque ces agents limitent les choix des consommateurs, ils s'approprient l'information. La distribution asymétrique qui en résulte garantit aux détenteurs un pouvoir important.

Ce pouvoir se manifeste de différentes manières et pas seulement par la capacité d'augmenter les prix ou de créer de la pénurie dans les marchés (description caractéristique de l'analyse néoclassique traditionnelle). En réalité, en cas de manque d'informations, la pénurie de produits de bonne qualité peut conduire à la disparition du marché. Par conséquent, il est très important d'étudier les structures capables de s'approprier et de concentrer des informations, puisqu'elles constituent un risque pour le choix des consommateurs, qui est l'objectif fondamental de l'ordre concurrentiel.

Nous examinerons ci-après deux exemples caractéristiques de structures capables de concentrer des informations : les structures verticalement intégrées et celles dans lesquelles les règles juridiques garantissent que les informations seront concentrées.

B. Les structures verticales

L'analyse antitrust actuelle est relativement insuffisante en ce qui concerne les concentrations verticales. Il n'existe pas de critères précis permettant de déterminer quelles sont les concentrations qui doivent être soumises à un contrôle (les critères néoclassiques portant sur la définition de marché conduisent à mesurer le pouvoir horizontal). Quant aux critères de sanction, l'idée néoclassique prévaut encore aujourd'hui selon laquelle seules les concentrations verticales qui ont un effet horizontal peuvent être punies.

Cette observation contient toutefois une contradiction. En effet, si les critères permettant d'évaluer les concentrations verticales sont horizontaux, l'examen indépendant des concentrations verticales est alors inutile.

Toutefois, les concentrations verticales produisent directement peu d'effets sur l'offre ou la demande, mais le font plutôt sur le niveau d'informations. En fait, le résultat informationnel des coûts de transaction ne doit pas être négligé. Les conflits entre agents économiques d'une même chaîne de production sont une source importante d'informations pour les consommateurs. L'élimination des coûts de transaction a accessoirement pour effet de limiter les informations concernant de nombreux facteurs importants pour la concurrence comme l'économie de pénurie, les prix d'équilibre, etc.

Se pose alors la question de la définition des critères pour déterminer le niveau d'importance de la limitation d'informations qui justifierait l'institution de mesures préventives ou répressives. En réalité, dans une analyse théorique, ce critère ne peut qu'être formulé dans des termes généraux.

Cette formulation dans des termes généraux doit suivre les fondements théoriques de l'économie de l'information. L'asymétrie dans l'information sera importante lorsqu'elle modifie les conditions de fonctionnement du marché. Ces modifications apparaissent lorsque l'agent modifie son comportement sur le marché en raison de la différence (ou la possible différence) d'information. Une hypothèse très courante est celle de l'intégration ou de la concentration verticale qui permet ou implique l'élimination de la concurrence intra-marque. Il n'y a pas lieu de considérer, comme le font les néoclassiques, qu'il n'y a pas d'effet vertical et que la concurrence inter-marque doit faire l'objet d'une attention exclusive. En effet, à l'exception des cas particuliers (surtout les biens somptuaires) dans lesquels la marque crée des habitudes de consommation artificielle, l'élimination de la concurrence intra-marque limite beaucoup l'information au détriment des consommateurs. Le producteur peut alors limiter la variété des produits, restreindre l'offre, etc. Dès qu'il existe une restriction de l'information et une possibilité de modification du comportement sur le marché, le système concurrentiel est alors menacé.

Les hypothèses de restriction de l'information comportant un risque pour le système économique ne se limitent pas à cela. Généralement dans les secteurs réglementés, la concentration verticale est un moyen de garantir une transparence limitée de la structure des coûts, c'est-à-dire qu'il y ait moins d'informations disponibles sur cette structure. C'est l'élimination des coûts de transaction qui produit cet effet négatif sur le flux d'informations.

Toutes ces hypothèses ont un élément en commun, à savoir la restriction de l'information pour ainsi dire « qualifiée ». Dans toutes ces hypothèses, la restriction peut se reproduire, voire se multiplier, avec la poursuite des transactions. L'information pathologique du point de vue juridique est celle qui permet à un marché déterminé de laisser faire le jeu de la sélection adverse (*adverse selection*), conformément à la théorie des *lemons* de G. Akerloff, c'est-à-dire que l'absence d'informations engendre le fait qu'il y aura plus d'acheteurs intéressés par des pires produits (*lemons*), renversant ainsi la différence entre l'utilité relative d'une transaction et d'une autre ou la différence de prix au profit de l'agent économique qui détient les informations. Lorsqu'il est possible qu'un agent économique limite la demande et l'offre ou se retire du marché en capturant les informations et lorsque cette situation dure dans le temps, alors la concentration ou la restriction verticale créent des risques pour le système économique. Pour expliquer cette situation, il convient de recourir aux mêmes instruments qui sont utilisés traditionnellement pour la définition des marchés.

Cette restriction de l'information dite « qualifiée » du fait des concentrations verticales permet de contrôler et de limiter les choix du consommateur. Celui-ci, confronté à des producteurs verticalement intégrés, a beaucoup plus de mal à individualiser les objets de son désir, dans la mesure où il dispose de moins d'informations sur sa composition, ses formes de distribution et de vente. Dans une structure verticalement intégrée, la quantité et la méthode de transmission de ces informations sont contrôlées par le producteur de manière exclusive, le processus de production étant plus imperméable y compris dans les secteurs économiques régulés.

C. Les structures juridiques de concentration d'informations : le cas des brevets de biens essentiels

Il existe une seconde forme « qualifiée » de concentration d'informations, qui s'explique par des règles juridiques instituant des privilèges d'informations.

La règle juridique la plus importante est celle qui garantit des privilèges en matière de brevet. En réalité, les brevets représentent une intervention directe du droit sur les flux d'informations. Ils reconnaissent au détenteur de droits de brevet une exclusivité, pendant une période déterminée concernant la fabrication d'un produit ou la prestation d'un service en utilisant certaines technologies développées.

En contrepartie, il doit donner des informations nécessaires à l'utilisation de la technologie et les déposer auprès d'un registre de propriété intellectuelle. Au-delà de la question de la qualité des analyses du niveau d'informations données (qui est insuffisante), cette dissociation entre prestation et utilisation des informations est à l'origine d'asymétries importantes.

La première de ces asymétries, découlant directement du monopole d'utilisation garanti par la loi, réside dans la difficulté d'évaluer la réelle utilité du produit. Le problème de la sélection adverse est ici particulier. L'enthousiasme que suscite l'invention affecte toujours les consommateurs qui ont le plus grand besoin du produit même s'ils ne savent pas si cette solution (l'achat du bien) est la bonne.

Il est évident que les règles sur les brevets ne peuvent être utilisées pour créer ce type d'asymétrie. En outre, les idées sont des biens non exclusifs (*non rivalrous goods*), et donc, d'un point de vue économique, l'utilisation par une personne ne devrait pas se faire en limitant l'accès à autrui. Autrement dit, les restrictions d'utilisation ne sont admissibles que pour les besoins de l'innovation technologique.

Ainsi, les problèmes structurels spécifiques aux brevets ne doivent pas être négligés. Ces problèmes sont d'autant plus importants lorsque les secteurs concernés sont socialement sensibles. Dans ces secteurs, les conséquences négatives du fait des restrictions de l'information et de l'accès aux biens (produits du monopole protégé par les brevets) sont décisives. Les limites structurelles imposées aux brevets sont alors justifiées.

Cette intervention structurelle se justifie par le fait que les détenteurs de brevets dans plusieurs secteurs de l'industrie exercent de façon abusive de tels droits portant atteinte à l'accès effectif aux produits (notamment dans les secteurs de la biochimie, de la pharmacie, de l'électronique et de la technologie de l'information).

Il est important de mener des réflexions sur les abus des droits de propriété intellectuelle, notamment en matière de brevets, afin de construire des alternatives nécessaires facilitant l'accès à la santé dans les pays moins développés et en voie de développement[13]. La recherche d'une meilleure distribution des produits comme les médicaments essentiels, par exemple, dans des cas tels que le traitement de maladies contagieuses et endémiques, est associée à l'équilibre entre deux facteurs : la protection des brevets appliquée aux médicaments et le degré de l'accès effectif à la santé. Soit il existe une cohabitation équilibrée entre ces deux facteurs, soit l'un se concrétise au détriment de l'autre. Ainsi, par exemple, lorsque les délais de protection de certains brevets sont dépassés, de nombreux pays appliquent une politique favorable à l'industrie de médicaments génériques, qui se substituent aux médicaments précédemment brevetés par de grandes sociétés pharmaceutiques[14].

13. De manière générale, il y a abus de droits lorsque le comportement du titulaire du brevet révèle un détournement de finalité. Ainsi, il profite de l'exclusivité conférée par le droit qui lui a été reconnu pour arriver à des effets indésirables du point de vue juridique, tels que la violation des règles de la protection du consommateur, de la concurrence, et aussi, de la propriété intellectuelle, notamment lorsqu'il compte étendre le domaine d'exclusivité conféré par le brevet. L'article 65 du *Patent Act of 1985* du Canada prévoit des hypothèses larges d'abus de droit conféré par le brevet, telles que la prise en compte insuffisante par le titulaire s'agissant de la demande du produit breveté, dans des périodes et conditions raisonnables, ou le refus de licencier, fabriquer ou distribuer les produits brevetés ; ou si une personne ou une catégorie de personnes subissent un dommage du fait de l'exclusivité ; ou si le produit ou le processus breveté est utilisé par le titulaire dans le but de porter atteinte à l'activité d'industrialisation et à la commercialisation d'autres produits. Sur le thème de l'abus de droits en matière de brevet, cf. E. T. Sullivan, « The Confluence of Antitrust and Intellectual Property at the New Century », *Minnesota Intellectual Property Review* 2000, n° 1, pp. 1 et ss. ; D. J. Gifford, « The Antitrust/Intellectual Property Interface : An Emerging Solution to An Intractable Problem », *Hofstra Law Review* 2003, n° 31, pp. 363 et ss.

14. Les autorités gouvernementales compétentes en matière de concession de brevets et les agences de santé publique pourraient également, de manière conjointe, soutenir des programmes d'accès aux médicaments essentiels, notamment à travers un contrôle visant à vérifier l'adéquation de la finalité du brevet pharmaceutique à sa destination — traitements de maladies, ainsi que le recensement des médicaments qui ne sont pas brevetés. L'OMS estime que dans la plupart des pays moins développés et en voie de développement, moins de 20 % des médicaments essentiels sont protégés par des brevets. Ces médicaments appartiennent en majorité au domaine public, bien qu'ils ne soient pas transformés en médicaments génériques, et sont extrêmement chers puisqu'ils

On attend de l'industrie des génériques qu'elle réalise les mêmes bénéfices que ceux générés par les médicaments fabriqués par la société détentrice du brevet. Dans la seconde moitié des années 1990, le Brésil a appliqué cette stratégie, avec des très bons résultats, notamment en ce qui concerne la réduction des prix d'acquisition des médicaments essentiels, qui ne sont plus réservés à une seule entreprise déterminée et qui donc peuvent être distribués pour le traitement de nombreuses maladies[15].

Les observations précédemment faites au sujet des fondements des politiques publiques sur l'application de prix différenciés sont également fondées d'un point de vue économique, notamment quand les droits de propriété intellectuelle sont considérés comme insérés à l'intérieur d'une logique institutionnelle-concurrentielle.

Pour le démontrer, il convient de revenir sur une affirmation courante mais erronée du point de vue théorique. Il s'agit de l'idée selon laquelle la reconnaissance et l'exploitation des brevets de médicaments en tant que monopole légal, donc accessoire au droit concurrentiel, sont nécessaires pour éviter le comportement de *free riding* dans l'industrie pharmaceutique[16]. Le comportement de *free riding* n'est caractérisé que si l'investissement dans la recherche d'inventions de médicaments essentiels est effectué au Brésil et dans d'autres pays en voie de développement, ce qui dans la pratique est assez rare. Lorsque l'investissement est réalisé dans des pays développés, le comportement de *free riding* n'est significatif que dans la mesure où il ne permet pas d'amortir les sommes investies. Or, l'investissement en technologie étant réalisé en principe par les sociétés mères qui utilisent la technologie, la possibilité d'amortissement doit être analysée au niveau international. En outre, même lorsque ce n'est pas le cas, il est difficile de croire qu'elle n'amortit pas l'investissement.

Il est depuis longtemps reconnu que les effets de la discrimination par les prix (qui se produit quand une entreprise agissant dans plusieurs pays se voit reconnaître son brevet dans certains pays mais pas dans d'autres) ne sont pas nécessairement nuisibles au système économique et au marché, dès lors que l'agent économique qui pratique la discrimination est capable d'atteindre l'équilibre sur les deux marchés[17].

---

sont directement importés des pays développés. Les prix pratiqués répercutent les différences dues aux taux de change des monnaies nord-américaine ou européenne, entraînant ainsi une hausse substantielle des prix sur les marchés de consommation des pays pauvres et en voie de développement.

15. Au Brésil, le médicament générique a été défini par la loi n° 9787 du 10 février 1999 (*Lei dos Genéricos*, c'est-à-dire la loi sur les médicaments génériques) modifiant les dispositions de la loi n° 6360 du 23 septembre 1976 qui légifère sur la surveillance sanitaire dans le pays. L'article 3, alinéa XXI, de ladite loi prévoit que le médicament générique est un médicament « similaire à un produit de référence ou nouveau, qui prétend être avec celui-ci interchangeable, après l'expiration ou la renonciation de la protection du brevet ou d'autres droits d'exclusivité, après vérification de son efficacité, de sa sécurité et de sa qualité ». Selon des estimations, 39170 (2001), 75650 (2002) et 79161 (2003) unités ont été produites ces dernières années, avec une croissance d'environ 482 % entre 2001 et 2002, à des prix inférieurs aux médicaments de marque d'environ 40 %. Selon des données du *Pro-Genéricos* (http://www.progen éricos.org.br), une augmentation de 83 enregistrements de ce type de produit a été constatée en 2001, et de 1124 en 2004.

16. Le comportement de *free rider* se définit ici comme celui d'un agent économique qui n'a pas investi dans la recherche d'un produit précis tout en profitant des résultats qui en découlent.

17. C. Salomão Filho, « Direito Industrial, Direito Concorrencial e Interesse Público », *op. cit.*, p. 37.

Dans ce domaine en particulier, il existe un consensus, aussi bien au sein de l'école de Chicago, que de l'école ordo-libérale allemande, selon lequel la simple discrimination factuelle par les prix entre concurrents ne peut être considérée comme illicite. En effet, il s'agit souvent d'une action des entreprises répondant à des situations différentes sur le marché[18].

Ces situations procèdent aussi bien de l'existence de coûts différents sur chaque marché que de l'existence d'un monopole sur un marché déterminé et non sur l'autre. Sanctionner la discrimination dans cette dernière hypothèse serait inapproprié et inutile. Inapproprié parce que cette interdiction entraînerait certainement une réduction ou une suppression de la production dans la région où il n'existe pas de monopole (et donc où le prix est le plus bas). Aucune donnée économique ne justifie la réduction de la production où le prix est concurrentiel. En effet, dans une situation pure et parfaite, les prix différenciés permettent au producteur d'obtenir de chaque consommateur ce qu'il peut donner précisément. Agissant tout au long de la courbe de demande, l'offreur propose à chaque consommateur un prix compatible avec sa capacité de consommer (c'est ce que l'on appelle la discrimination parfaite).

Si en pratique, cette situation théorique n'existe pas, le même effet se produit dans des situations concrètes, lorsque l'agent économique pratique une discrimination entre deux ou trois groupes de consommateurs. L'utilisation d'un comportement stratégique avec des prix différenciés entraîne une augmentation importante des profits de l'agent économique, qui obtient un profit normal dans les régions où il existe une concurrence et un profit monopoliste dans les régions où elle n'existe pas.

L'augmentation des prix ou la réduction des quantités offertes dans la région monopolisée peuvent se résoudre par la sanction de l'abus de prix sur ce dernier marché. Dans ce cas-là, l'existence de discrimination par les prix peut être utilisée comme un indice de monopole[19].

Cette analyse se justifie notamment dans le cas particulier des médicaments. En se fondant sur l'étude de Hasenclever[20], on peut trouver dans les pharmacies brésiliennes un nombre significatif de médicaments dépourvus de brevet. Entre 2001 et 2004, une augmentation de 81 enregistrements de médicaments génériques sur 1124 offerts dans des conditions appropriées, a été constatée; ce qui démontre que, dans le cas brésilien, l'absence de brevets n'a pas conduit à la disparition des produits sur le marché. Ces produits ont continué à être offerts, non pas au même

18. À propos des adeptes des deux écoles, cf. notamment R. Bork, *The Antitrust Paradox : A Policy War with Itself*, New York, The Free Press, 1993, pp. 382 et ss., qui analyse le problème en droit nord-américain. Sur ce thème en droit allemand, E. J. Mestmäcker, *Europäisches Wettbewerbsrecht*, München, Beck, 1974, pp. 188-189; W. Möschel, *Recht der Wettbewerbsbeschränkungen*, Köln — Berlin — Bonn — Munchen, 1983, pp. 385 et ss.

19. C. Salomão Filho, « Direito Industrial, Direito Concorrencial e Interesse Público », *op. cit.*, p. 37.

20. « O Mercado de Medicamentos Genéricos no Brasil, Simpósio Franco-Brasileiro », *O Novo Direito da Propriedade Intelectual no Domínio da Saúde e dos Seres Vivos : Implicações para o acesso aos tratamentos anti-retrovirais*, Brasília, 23-24 Junho 2004, disponible sur Internet : http://www.aids.gov.br Cf. également du même auteur, *Diagnóstico da Indústria Farmacêutica Brasileira*, Rio de Janeiro –Brasília, UNESCO — FUJB — Instituto de Economia UFRJ, 2002.

prix que les produits brevetés mais à des prix bien plus faibles et compatibles avec un marché où il n'existe pas de brevet. Les grandes industries pharmaceutiques internationales pratiquaient et pratiquent donc une discrimination par les prix, sous forme de monopole lorsque des brevets existent et fixent des prix concurrentiels lorsqu'il n'existe pas de monopole. Les prix différenciés sont donc non seulement possibles en théorie mais aussi en pratique.

En ce qui concerne les médicaments essentiels, il est donc possible de pratiquer une politique de prix différenciés, en prenant en considération les particularités des pays en voie de développement et des pays moins développés. Les prix pratiqués dans les marchés de consommation de ces pays ne doivent pas dépendre de financements effectués dans le domaine de la recherche, dès lors que l'investissement est amorti intégralement dans les pays développés. Les prix dans les pays en voie de développement ne doivent que refléter les coûts directs de production.

L'importance de la politique de prix différenciés étant reconnue, la question qui se pose maintenant est celle relative aux instruments les plus cohérents du point de vue théorique pour la réalisation de ces objectifs. Des études juridiques et économiques portant sur les politiques d'accès à la santé ont montré plusieurs alternatives. Toutes révèlent le problème des mécanismes qui permettent aux pays pauvres et en voie de développement d'accéder de façon juste et équitable aux médicaments essentiels[21].

La première solution est discutable et a déjà été expérimentée. Il s'agit de la *réduction obligatoire des prix d'acquisition suivie d'une politique de contrôle*. Le titulaire du brevet demeure le producteur exclusif du médicament essentiel et commence à offrir ses produits à des prix réduits, réglementés par les autorités administratives. Cette mesure, qui a pour objectif principal de faciliter l'accès aux médicaments pour les consommateurs à faible revenu, est difficilement réalisable. Il n'est pas souhaitable de contrôler et de fixer les prix sur les marchés de médicaments essentiels car cela provoque des actions de *lobbying* de l'industrie sur les autorités gouvernementales et l'exercice abusif de brevets. En outre, il ne faut pas oublier que les expériences relatives au contrôle des prix ont rarement eu un impact positif, car leur mise en œuvre est difficile et incertaine. Une réduction obligatoire des prix et d'un contrôle des prix ne permet sans doute pas de fixer des prix accessibles pour les consommateurs ayant besoin de médicaments essentiels[22].

Parmi les mesures proposées, il y a également l'adoption d'une politique gouvernementale favorable aux contrats de licence accompagnés d'un transfert de technologie et du paiement de *royalties* différenciés aux entreprises titulaires du brevet. La non-exclusivité pourrait stimuler la concurrence sur le marché de la production et de la distribution des médicaments essentiels, outre le fait que le transfert de

21. Cf. notamment J. Hudson, « Generic Take-up in the Pharmaceutical Market Following Patent Expiry : A Multi-Country Study », *International Review of Law and Economics* 2000, vol. 20, pp.205-221 ; K Balasubramaniam, « Equitable Pricing, Affordability and Access to Essential Drugs in Developing Countries : Consumers Perspective », *WHO/WTO Secretariat Workshop on Differential Pricing and Financing of Essential Drugs*, Hosbjor (Norway), April 8-11, 2001.

22. En ce sens, cf. WHO/WTO, « More equitable princing for essential drugs », *Workshop on Differential Pricing and Financing of Essential Drugs, op. cit.*, spéc. partie B.

technologie respecte la protection des brevets dans la plupart des pays et les normes établies par l'accord sur la propriété intellectuelle de l'OMC (TRIPS). À cet égard, un contrôle serait nécessaire afin de s'assurer que les licenciés ne fabriquent pas, directement ou indirectement, les médicaments sur d'autres marchés que les marchés ciblés. La licence aurait précisément pour objectif de stabiliser l'offre de médicaments essentiels sous un régime de prix différenciés (à partir de *royalties* différenciés aussi) pour les pays en voie de développement et moins développés, afin d'éviter qu'ils soient destinés aux marchés de consommation des pays développés, suivant un effet inverse.

Une autre solution, plus efficace mais peu utilisée, est la mise en œuvre de politiques de licences obligatoires. Cette hypothèse est conforme aux normes établies par le TRIPS, et correspond à une des solutions les plus utilisées pour la production locale de médicaments essentiels. Au Brésil, la loi n° 9.279/96 prévoit la possibilité de concéder des licences obligatoires en cas d'insuffisance de production locale ou d'abus de droit exercé par le titulaire du brevet[23].

Il est à cet égard nécessaire que le dispositif de droit industriel relatif à la protection des brevets des inventions dans le secteur pharmaceutique soit associé aux principes concurrentiels. L'idée de la licence obligatoire se combine parfaitement avec les principes concurrentiels institutionnels. L'article 68 de la loi n° 9.279/96 prévoit la possibilité de concéder des licences obligatoires sur le brevet en cas d'abus de pouvoir économique du titulaire. Le deuxième alinéa ajoute que cette possibilité existe également lorsque l'intérêt national n'est pas satisfait[24].

En effet, ces dernières hypothèses pourraient être caractérisées d'abus de pouvoir économique. Alors que la règle du premier alinéa dispose expressément sur les prix abusifs pratiqués, le deuxième alinéa dispose sur les prix liés à la limitation de la production qui nuisent au marché. De tels dispositifs, lus de manière conjointe, attribuent au titulaire du brevet un pouvoir fonctionnel consistant à maintenir le marché dynamique avec des prix concurrentiels[25]. Ainsi, il est remarquable de noter que l'inobservation de la règle entraîne la rupture du monopole par le biais de concession de licence obligatoire en faveur des concurrents. La règle est donc principalement d'origine concurrentielle[26].

---

23. Par la suite, un décret n° 3201/99 a été promulgué réglementant la licence obligatoire au Brésil en cas d'urgence nationale et d'intérêt public. Plus récemment, ce décret a été modifié par le décret n° 4830, du 4 septembre 2003, qui a introduit au Brésil les principes de la Déclaration de Doha sur le TRIPS et la santé publique de 2001.

24. « Article 68 — Le titulaire verra son brevet concédé obligatoirement en cas d'exercice abusif des droits qui en découlent, ou en cas d'abus de pouvoir économique, constaté légalement par décision administrative ou judiciaire.

Alinéa premier — Le titulaire verra son brevet concédé obligatoirement également en cas :

I — d'absence d'exploitation de l'objet du brevet sur le territoire brésilien par manque de fabrication ou fabrication incomplète du produit, ou bien d'absence d'utilisation complète du processus breveté, à l'exception des cas d'impossibilité économique, lorsque l'importation est admise ; ou

II — de commercialisation qui ne satisfait pas aux nécessités du marché ».

25. Ce pouvoir fonctionnel concerne la fonction sociale du brevet, exercée par le titulaire dans l'intérêt d'une collectivité et non dans son propre intérêt. En droit brésilien, cet aspect est conforme à l'article 5, alinéa XXIII, de la Constitution Fédérale qui attribue à l'exercice de tous les droits de propriété une fonction sociale.

26. Cf. C. Salomão Filho, « Direito Industrial, Direito Concorrencial e Interesse Público », *op. cit.*, pp. 40-41.

En outre, l'interprétation concurrentielle du droit industriel permet d'éclairer une autre question importante concernant la licence obligatoire : la valeur de la rémunération. Il convient de tenir compte de la loi nº 9.279/96 (article 73, § 6) et du règlement d'application (article 5, § 2 du décret nº 3.201 du 6 octobre 1999, modifié par le décret nº 4.830 du 4 septembre 2003) qui prévoient la nécessité de rémunérer le titulaire du brevet, en fonction de sa valeur économique.

Cette disposition ne doit pas être mal interprétée. La valeur économique, en droit de l'entreprise, est toujours liée à la capacité de produire des profits d'un bien précis ou d'un droit, ainsi qu'à son utilisation par l'acquéreur (ou le bénéficiaire de la licence). En ce qui concerne le brevet de médicaments essentiels, comme la licence appartient à l'État fédéral, sa valeur économique est alors très faible. En effet, si la licence était destinée à pourvoir les besoins de la population à faible revenu, le prix perçu par la vente du médicament serait égal à son coût ou très proche de celui-ci (ce qui se produit dans les situations de concurrence parfaite, surtout sur les marchés où les consommateurs ont des revenus modestes).

Ce résultat s'explique par le fait que la rémunération prévue par l'accord TRIPS, par la loi et par le règlement ne doit pas et ne peut pas être interprétée comme une indemnisation[27]. Dans la mesure où la justification des brevets à partir du droit de propriété a été rejetée, on ne peut pas parler d'expropriation (parce que contrairement à tout bien matériel, l'usage n'éteint ici pas le bien, mais le droit). Il n'y a donc pas d'indemnisation. L'objectif de la rémunération est d'empêcher le comportement de *free-riding* du bénéficiaire de la licence (particulier), c'est-à-dire, d'empêcher qu'en l'absence d'investissement dans la recherche, il s'approprie les profits. S'agissant de médicaments essentiels, il n'y a pas d'appropriation puisque la valeur est résiduelle et absolument marginale et le producteur privé étant le bénéficiaire direct de la licence ou un tiers autorisé par l'Union, il a un droit à être rémunéré.

On peut donc conclure que la valeur de la licence pourra/devra être calculée en fonction du profit du producteur privé (qu'il soit bénéficiaire final de la licence ou producteur sous-traitant final), profit qui devra être maintenu à des niveaux très faibles en fonction des exigences sociales envers les médicaments essentiels[28].

Il est remarquable de noter qu'une fois la question des brevets analysée sous une perspective juridico-structurelle, il convient d'étudier un autre problème relatif à l'accès à la santé publique dans les pays en voie de développement et les pays moins développés. Il s'agit des *maladies tropicales* qui affectent les populations locales. Il n'y a pas de recherches effectuées sur ces maladies dans les pays développés, puisqu'elles n'existent pas dans ces régions. Dès lors, les politiques de prix différenciés ne peuvent être efficaces, même celles fondées sur une licence obliga-

27. L'article 31, h du TRIPS prévoit que le titulaire sera rémunéré selon les circonstances de chaque utilisation, la valeur économique de l'autorisation étant prise en compte.

28. Le caractère raisonnable de cet argument peut être étudié d'un autre point de vue. Si l'indemnisation correspondait au prix de la licence fixé par le jeu de l'offre et de la demande du marché, alors l'accès aux médicaments essentiels aurait été impossible car ce montant serait répercuté sur le prix final payé par le consommateur. Dans ces conditions, aux yeux du titulaire de la licence et du consommateur final, tout se passerait en pratique comme si la licence obligatoire n'avait jamais existé.

toire, en ce qui concerne les médicaments destinés au traitement des maladies tropicales, parce qu'il n'y a pas de recherche-développement (R&D) suffisante faites par l'industrie pharmaceutique située dans les pays développés sur ce genre de médicament[29].

Le défi consiste à savoir comment stimuler la recherche-développement en l'absence de politique de prix différenciés qui puissent financer la R&D dans les pays développés. La concession de brevets et son utilisation s'insèrent dans une logique concurrentielle et servent, non pas à attribuer un monopole d'utilisation de cette invention spécifique, mais à favoriser la concurrence par l'innovation. Il serait alors possible d'imaginer un système de subventions croisées dans le domaine des brevets[30]. C'est-à-dire que le pays en développement concerné pourrait, en contrepartie de l'obligation pour l'industrie pharmaceutique d'investir dans la R&D sur les maladies tropicales, admettre que certaines catégories de produits (et peut-être le marché de consommation où les conditions économiques sont favorables à l'absorption d'une augmentation des prix), échappent à la politique de prix différenciés. L'augmentation des prix observée servirait à subventionner la recherche et le développement de médicaments pour le traitement des maladies tropicales.

Deux observations, plus ou moins évidentes, méritent d'être faites. En premier lieu, cette mesure ne peut être introduite que simultanément à la politique de prix différenciés. Ce n'est qu'ainsi qu'un produit favorisera l'institution de subventions croisées, que l'on peut nommer produit « subventionneur ». En second lieu, il convient d'établir un régime juridique cohérent prévoyant d'une part que, dans l'hypothèse où il n'y aurait pas l'investissement en R&D pour le médicament destiné à la maladie tropicale, le bénéfice de l'exemption de la politique de prix différenciés doit être supprimé, et d'autre part que la valeur dont a bénéficié l'industrie pharmaceutique soit restituée aux consommateurs qui ont payé pour le médicament subventionné (par exemple, par le biais d'un recours collectif).

L'adoption d'une telle solution législative est intéressante. Le brevet favorise la concurrence dans la R&D d'un produit. C'est le cas pour la « subvention croisée de brevets ».

Ainsi, seule une intervention structurelle sur l'origine du monopole fondé sur le brevet permet d'obtenir un résultat efficace du point de vue distributif.

29. Cf. Médecins Sans Frontières, *Recherche médicale en panne pour les maladies des plus pauvres*, Genève, sept. 2001.

30. Comme il a déjà été démontré dans des études portant sur le sujet, les subventions croisées dans le domaine de la régulation sont considérées comme favorisant la concurrence et non comme étant anticoncurrentielles comme on le pensait auparavant. À ce propos, voir W. Baumol, « Contestable Markets : An Uprising in the Theory of Industry Structure », *American Economic Review*, vol. 72, n° 1, 1985, pp.1-15. Sur le problème des prix différenciés et de financement en R&D pour les médicaments destinés au traitement de maladies tropicales, cf. une étude de P. M. Danzon et A. Towse, « Differential Pricing for Pharmaceuticals : Reconciling Access, R&D and Patents », *AEI-Brookings Joint Center Working Paper*, July 2003, n° 03-7, disponible sur Internet : http://www.ssrn.com

§2. Monopole, chômage et exclusion sociale

Les systèmes économiques fondés sur les monopoles induisent d'autres conséquences sociales tout aussi ou plus négatives que l'hyperconsommation. En effet, les monopoles contemporains et les marchés oligopolisés contemporains se caractérisent par les liens étroits qu'ils entretiennent avec le chômage.

Les structures monopolistes internes associées au processus d'internationalisation de l'économie génèrent du chômage et du sous-emploi dans le monde.

Comme nous l'avons étudié ci-dessus, l'attrait que suscitent les régions dotées de main-d'œuvre meilleur marché, conséquence indissociable du processus d'internationalisation, conduit à l'augmentation des taux de chômage dans les pays développés. En outre, dans ces mêmes pays développés, l'avancée technologique des méthodes de production entraîne une augmentation du taux naturel de chômage (*naturel rate of unemployment*) : d'une part, parce que cela crée une difficulté directe pour les travailleurs moins qualifiés; d'autre part, avec la hausse des coûts de formation, on assiste à un déplacement de la courbe du chômage. Autrement dit, le changement de situations de crise économique vers des situations de prospérité implique une augmentation de l'emploi inférieure au taux de croissance économique. À long terme, il en résulte un chômage structurel croissant[31].

Cette tendance n'est pas contrebalancée par une réduction significative du chômage dans les pays en voie de développement et les pays sous-développés, et ce pour plusieurs raisons.

Tout d'abord, parce que les pays qui aujourd'hui attirent le plus l'investissement et le transfert industriels sont ceux qui ont le plus grand contingent de main-d'œuvre disponible. Des pays comme la Chine et l'Inde sont très attractifs pour les investissements et industries, puisque la population agricole et l'excédent de main-d'œuvre y sont très importants. Le nombre d'emplois offerts par les entreprises qui s'y sont délocalisées ne satisfait toutefois pas l'offre de main-d'œuvre locale (ce qui explique pourquoi le coût la main-d'œuvre est si bon marché dans ces régions).

En outre, et c'est là une autre caractéristique spécifique au monopole moderne, les gains de productivité sont obtenus par le biais d'une réduction de la force de travail employée, au profit de sa substitution par des capitaux et des biens de haute technologie.

Durant l'époque coloniale et la Révolution industrielle, la réduction du salaire réel engendrait un profit monopoliste sur le marché du travail. L'évolution tech-

31. L'idée du chômage structurel est très discutée. Elle a notamment été défendue par E. Phelps, qui présente les différentes raisons de la croissance du taux naturel de chômage, parmi lesquelles figure principalement le facteur technologique ci-dessus expliqué. Il cite comme politique de lutte contre ce facteur à l'origine du chômage structurel la réduction des taux d'intérêts, qui diminue le coût de formation des employés qualifiés. Quoi qu'il en soit, il constate une tendance à l'augmentation du chômage pour les employés moins qualifiés (précisément la situation constatée dans les pays moins développés). Cf. E. Phelps et G. Zoega, « Natural rate theory and OECD unemployment », *The Economic Journal*, vol. 108, n° 448, 1998, pp. 782 et ss. (spéc. pp. 785 et s.). Pour un exposé plus détaillé, cf. E. Phelps, *Structural Slumps : The modern equilibrium theory of unemployment*, Cambridge, Harvard University Press, 1994.

nologique modifie radicalement la situation, les conflits avec les syndicats sur la valeur du salaire devenant alors inutiles. La réduction des coûts s'obtient principalement grâce aux gains de productivité réalisés avec le remplacement de la main-d'œuvre par des machines. Les travailleurs affectés à l'entretien de machines doivent être plus qualifiés, ce qui explique la hausse importante du chômage chez les travailleurs les moins qualifiés dans tous les pays[32].

Les prétendus gains d'efficacité productive obtenus avec la concentration des sociétés (monopolisation de marchés) correspondent en réalité à la diminution des dépenses en main-d'œuvre. Plus la domination du marché est importante, plus l'économie d'échelle l'est également, et par conséquent plus il y a de possibilités de substituer la main-d'œuvre par des machines qui exigent de moins en moins d'être entretenues par des travailleurs qualifiés[33].

Cette stratégie, qui ne tient pas compte des intérêts sociaux, produit à long terme un chômage structurel, composé de travailleurs inactifs ou sous-employés. Les périodes de croissance économique sont insuffisantes pour compenser les périodes de stagnation en matière de chômage, et l'on observe ainsi une augmentation constante structurelle du chômage. Les crises sociales et économiques se multiplient alors.

§3. Monopole, privatisation et concentration

L'analyse des périodes coloniales et industrielles a montré que les effets des monopoles sur les économies des colonies et anciennes colonies étaient caractérisés par un drainage intersectoriel. L'importance de l'activité économique des monopoles et l'absence d'effets multiplicateurs internes au niveau des revenus (car ceux-ci étaient transférés vers l'extérieur du pays ou mal distribués à l'intérieur) ont été des obstacles importants au développement de tous les secteurs à l'exception des secteurs exportateurs (et monopolisés).

L'internationalisation des économies des anciennes colonies a modifié la situation. L'implantation de multinationales et d'entreprises étrangères favorise l'investissement dans plusieurs secteurs peu dynamique à l'époque.

Néanmoins, comme cette internationalisation succède au déclin du système de financement externe et interne des anciennes colonies, une bonne partie de ces nouveaux investissements va finalement servir à contrôler des activités réalisées auparavant par l'État puis privatisées à partir de la dernière décennie du XXe siècle[34].

---

32. Pour une analyse de la situation des pays de l'OCDE, cf. E. Phelps et G. Zoega, « Natural rate theory and OECD unemployment », *op. cit.*, p. 782, notamment le graphique p. 791.

33. Le même phénomène d'augmentation du taux naturel de chômage en fonction du facteur technologique est constaté dans toute la chaîne productive, ce qui explique qu'il est difficile d'imaginer qu'un emploi dans le secteur des biens de consommation soit remplacé par plus d'emplois dans le secteur des biens de capital.

34. Cela s'est produit en Amérique latine, par exemple au Brésil, pays qui dans les années 1990 s'est ouvert au capital international surtout avec les privatisations. À partir de ce moment, deux phénomènes en rapport avec la concentration économique sont constatés. En premier lieu, le pays commence à subir l'influence de la monopolisation et de l'oligopolisation croissante des marchés. En second lieu, les autorités gouvernementales, princi-

En outre, afin de payer les dettes interne et externe des États, ceux-ci souhaitent vendre leurs entreprises au meilleur prix. Par conséquent, les autorités de régulation qui sont créées ne limitent pas le pouvoir monopolistique de ces grandes entreprises étatiques qui sont privatisées.

Ainsi, de nombreuses activités exercées auparavant sous un régime de monopole public deviennent des monopoles privés. Les règles de régulation érigées pour contrôler les activités, pour les raisons déjà exposées, se révèlent insuffisantes pour transformer la rationalité monopoliste : les monopoles n'étant pas contestés et laissant peu de place à la concurrence, les prix des services commencent à augmenter de manière considérable.

Le système de protection sociale s'effondre avec la disparition des prestations de service d'intérêt social par des entités publiques.

Le processus de drainage intersectoriel monopoliste s'atténue de manière substantielle à l'époque contemporaine. Contrairement aux périodes coloniales et d'industrialisation, l'activité économique se diversifie, mais le pouvoir des monopoles sur les économies des anciennes colonies s'étend à des « nouveaux secteurs de l'économie ». Il n'est donc pas surprenant que la distribution des richesses dans ces économies dépende du système de concentration des monopoles. La concentration intersectorielle propre au fonctionnement monopolistique des marchés ne découle plus du drainage de ressources entre secteurs mais de l'expansion du marché et du pouvoir monopoliste dans de nouveaux secteurs de services publics assurés auparavant par l'État.

La concentration se développe dans ces secteurs surtout par le biais du concept de monopole naturel. C'est précisément dans l'usufruit privé et concentré des monopoles naturels que le processus d'extension du pouvoir monopoliste aux nouveaux secteurs de l'économie produit, à partir des années 1990, ses effets les plus négatifs.

Ce mouvement s'inspire bien évidemment de la théorie schumpetérienne de la destruction créatrice ou de la cohabitation pacifique et vertueuse entre les monopoles et les changements technologiques (qui sont la cause des monopoles). Comme nous l'avons déjà étudié (introduction, section 2, §2), dans son livre *Démocratie, Socialisme et Capitalisme*, Schumpeter forge l'idée marxiste du déterminisme historique avec l'idée néoclassique du déterminisme de marché. Le résultat ne pouvait être autre : le nouveau déterminant de tout le développement capitaliste est le développement technologique[35].

palement la *Banco Nacional de Desenvolvimento Econômico e Social* (BNDES, l'équivalent brésilien de la Caisse des dépôts et consignations), souhaitent faciliter la concentration des marchés et des entreprises nationales. D'une part, dans les secteurs régulés, la concentration et la coopération entre les entreprises sont favorisées. Dans les secteurs non régulés, la BNDES exécute la politique d'investissement du Gouvernement fédéral (article 23 de la loi n° 4594/64) en concédant des prêts conditionnés à des réorganisations sectorielles, qui favorisent la concentration. D'autre part, les autorités chargées de faire respecter le jeu de la libre concurrence, mais dont les actions ont toujours été limitées, ne réussissent pas à s'opposer à ce mouvement.

35. Voir la note de bas de page n° 22 de l'introduction.

Dans cette optique, la monopolisation des secteurs n'est pas nuisible, y compris en cas de monopole naturel. Les changements technologiques permettent de supprimer ces barrières et donc la position de pouvoir du monopoleur.

De notre point de vue, cette idée n'est pourtant pas exacte. Même dans des secteurs caractérisés par des changements technologiques intenses et fréquents, comme le secteur des télécommunications, la réalité a montré que les sociétés détentrices de réseau disposaient d'une grande capacité à dominer les nouveaux réseaux alternatifs.

S'il est vrai que dans quelques secteurs, comme c'est le cas des télécommunications, les changements technologiques permettent la création de nouveaux réseaux sans coûts fixes, il est aussi vrai que l'investissement effectué par les détenteurs du réseau pour contrôler et dominer ces nouveaux réseaux alternatifs est important, notamment pour acquérir des nouveaux entrants ou des nouvelles licences (par ex. pour l'utilisation de nouvelles technologies de télécommunications du type Wi-Max). Le recours à la prédation technologique est également fréquent[36].

En effet, avec ces nouveaux réseaux, les concurrents peuvent obtenir des économies d'échelle plus importantes et ce plus facilement que s'ils essayaient d'entrer en concurrence avec des réseaux déjà dominés par les détenteurs d'infrastructure. Dans ce cas de figure, du point de vue économique, la courbe de coûts du détenteur du réseau (réseau A) atteint un niveau incommensurablement plus faible par rapport à celle du nouvel entrant qui essaie de le contester. Ce dernier ne réussira jamais à atteindre le même niveau que le premier dans la mesure où le prix du détenteur de l'infrastructure sera toujours inférieur.

Toutefois, les nouvelles technologies permettent de créer des nouveaux réseaux alternatifs à des prix concurrentiels (réseau B). Il est remarquable de noter, néanmoins, que cela n'est possible que si le détenteur du réseau A ne domine pas le réseau B. S'il a accès au réseau B et s'il réussit à le dominer, aucune concurrence n'est alors possible. Ainsi, l'innovation technologique n'a pas d'impact sur le niveau de concurrence. De plus, la diversification des offres pour les consommateurs ne se produira pas car le monopoleur du réseau A peut choisir de ne pas offrir les services permis sur le réseau B.

Le raisonnement est semblable à celui développé en droit antitrust entre concurrence inter-marque et intra-marque, qui correspond à la concurrence entre marques (inter-marques) à la concurrence entre réseaux. La doctrine antitrust considère traditionnellement que la concurrence inter-marque est plus importante, par sa capacité à attirer le consommateur[37]. Cette observation, bien qu'in-

36. La prédation technologique a été considérée comme illicite du point de vue de la concurrence dans l'affaire Microsoft et est encore aujourd'hui responsable du maintien de la position monopoliste de l'entreprise (W. Page et J. Lopatka, *The Microsoft case — antitrust, high technology and consumer welfare*, Chicago, The University of Chicago Press, 2007).

37. En ce sens, cf. notamment H. Hovenkampf, *Federal Antitrust Policy*, ST Paul, West Publishing Co, 1994, pp. 428 et ss.

suffisante puisque la concurrence intra-marque est tout aussi importante et ne doit pas être négligée[38], met en évidence un point essentiel.

Il est fondamental de garantir une structure de marché qui encourage le consommateur à opter pour des alternatives réellement différentes. Celles-ci peuvent reposer sur un lien subjectif ou objectif avec une marque, ou bien sur un coût et une accessibilité suffisants pour créer une alternative réelle. Les alternatives ne doivent pas seulement être formelles ou potentielles, mais doivent constituer une alternative de choix réel. Ce n'est qu'ainsi que le processus de découverte des meilleures alternatives, formé par la concurrence, se produira véritablement.

Une alternative réelle se compose de plusieurs facteurs, qui font qu'il est indispensable que le marché ait une configuration structurelle appropriée pour garantir son existence. Cette configuration structurelle doit être garantie à travers l'existence effective de réseaux alternatifs, ce qui n'a pas été le cas jusqu'à présent.

Section 3

Structures sociales : pauvreté et environnement

Les effets sociaux du système de marché monopolistique contemporain ont deux caractéristiques.

Le premier effet concerne la pauvreté. Comme nous l'avons déjà vu (section 2, §2), le processus d'internationalisation monopoliste entraîne de graves effets sociaux aussi bien dans les pays développés que dans les pays en voie de développement. Ces effets sont tellement graves qu'il est possible d'apporter la preuve d'une relation directe entre l'ouverture des économies nationales et la participation de l'État dans l'économie. Comme Dani Rodrik le souligne lorsqu'il fait état de cette relation, la tentative de création d'un réseau de protection sociale par les États pour protéger les sociétés des déséquilibres économiques et sociaux causés par l'internationalisation des économies semble être la cause de ce phénomène[39].

Il en est ainsi du développement structurel du chômage. Tant dans les pays développés que dans les pays en développement, l'association du processus d'inter-

38. Cf. C. Salomão Filho, *Direito concorrencial – as condutas*, São Paulo, Malheiros, 2003, pp. 349 et ss.

39. Cf. D. Rodrik, « Why do more open economies have bigger governments », *Journal of Political Economy*, 1998-10, vol. 106, n° 5, pp. 997 et ss. Cette étude permet de démontrer que l'internationalisation peut et doit cohabiter avec la participation importante de l'État dans l'économie. Néanmoins, on peut observer que même le réseau de protection identifiée par Rodrik est en fait plus une protection pour les entreprises nationales que pour la société. En effet, Rodrik identifie une relation entre l'ouverture des économies et les dépenses gouvernementales pour l'acquisition de biens par l'État. Néanmoins, ces dépenses signifient souvent acquisition par l'État de produits ou de services d'initiative privée locale. Il n'est pas certain que l'effet social de ces dépenses permette de compenser les incertitudes économiques et les risques sociaux de l'internationalisation supportés par les populations locales. L'exemple des privatisations des services publics, liées à l'internationalisation des économies, démontre comment cette augmentation de la présence de l'État, lorsqu'elle n'est pas prévue, peut ne pas entraîner une augmentation de la protection économique et sociale de la population.

nationalisation avec celui de monopolisation crée des conditions propices au chômage. Dans les pays développés, la délocalisation des entreprises fondées sur le travail vers l'hémisphère Sud accompagnée du libre-échange, qui ne stimule que la production de biens capitalistiques dans les pays développés, conduit à un chômage croissant. Les flux migratoires provoqués par les difficultés économiques des pays les plus pauvres ne font qu'aggraver la situation.

Dans les pays en voie de développement, le même phénomène se produit pour différentes raisons, mais surtout à cause des monopoles. Comme nous l'avons vu (cf. section 2, §2), le drainage des richesses et des ressources, qui existent depuis l'époque coloniale, se transforme et s'amplifie avec l'internationalisation. L'entrée de grands conglomérats étrangers dans les secteurs qui disposent d'une structure industrielle nationale, a pour effet de mettre en place des monopoles, au détriment des groupes nationaux qui existaient dans ces secteurs, puisque l'entreprise étrangère dispose en règle générale d'un avantage sur les entreprises nationales en matière technologique et financière (accès au capital). Cet avantage se traduit normalement par moins d'emploi de main-d'œuvre, ce qui explique la baisse de l'emploi dans ces secteurs.

Dans les secteurs qui n'ont pas encore de production locale ou dans lesquels l'État s'est retiré de l'activité économique, les monopoles s'insèrent dans l'économie. À cet égard, l'effet positif sur l'emploi n'est pas certain. En raison de la rationalisation monopoliste et de la recherche d'efficience, les premières améliorations sur le marché du travail (contrats) sont rapidement suivies de nouvelles rationalisations, surtout après de nouveaux mouvements de concentration, et de nouveaux licenciements. Une fois le processus fini, on assiste à une nouvelle délocalisation de l'entreprise vers des régions où la main-d'œuvre est meilleur marché et ainsi de suite, de manière à toujours garantir l'existence d'importants contingents de main-d'œuvre non employée ou sous-employée.

Ces économies en développement exercent ainsi une influence internationale dans la définition d'un modèle de croissance économique dans l'organisation mondiale de l'économie. Croissance économique, pauvreté et inégalité sociale coexistent dans les hémisphères Nord et Sud.

Par ailleurs, il convient d'analyser une seconde caractéristique du système de marché monopolistique contemporain : les effets des nouvelles formes d'exercice de l'activité économique sur l'environnement.

En effet, les raisons qui conduisent à l'internationalisation des monopoles impliquent également une utilisation de l'environnement de manière prédatrice. La recherche de la réduction des coûts, déjà entreprise à travers le déplacement des entreprises, a des effets sur l'environnement. Pour les pays en voie de développement en particulier, l'utilisation prédatrice de l'environnement devient l'un des principaux moyens pour faire de la croissance économique et participer aux marchés internationaux.

Fondée sur l'efficacité productive, l'utilisation prédatrice de l'environnement se justifie d'un point de vue néoclassique.

Dans cette conception, s'ajoute à l'idée d'efficacité productive et son lien étroit avec la réduction des coûts, la conception selon laquelle la nature est un bien inépuisable et donc dépourvu de valeur[40]. Cette absence d'attribution de valeur aux biens naturels, erreur fondamentale des modèles néoclassiques, est à l'origine de deux autres erreurs également graves.

Il s'agit, en premier lieu, de la mauvaise évaluation de l'importance des externalités sociales négatives créées par l'action prédatrice sur l'environnement. En raison de l'idée selon laquelle il est possible, à travers l'évolution technologique, de résoudre les problèmes causés à l'environnement par l'utilisation démesurée de la nature (combustibles fossiles, eau, etc.), la quasi-totalité des régimes juridiques existants pour contrôler la production de ces externalités se compose d'instruments de compensation — principalement la réparation des dommages. Le raisonnement qui a été fait s'agissant de la formation des monopoles s'applique ici aussi. La reconnaissance des effets sociaux négatifs de la structure devrait conduire à une régulation de sa propre constitution et de son fonctionnement (dans le cas du monopole, empêcher sa constitution, dans le cas de l'environnement, empêcher la production des dommages) et non pas à une compensation monétaire d'un phénomène irréversible.

C'est d'ailleurs sur le thème de l'irréversibilité que la théorie juridico-économique commet sa seconde erreur en ce qui concerne l'environnement. Les dommages sont en général irréversibles, tout comme l'utilisation de l'énergie crée aussi des effets irréversibles. Comme M. Latouche l'a signalé[41], le non-respect des lois de l'entropie est particulièrement grave pour la régulation de l'environnement. Selon cette loi, la transformation de matière en énergie est irréversible. La prise en compte de l'irréversibilité devrait entraîner une limitation de la transformation de matière en énergie (y compris pour ses effets polluants) et favoriser l'utilisation d'une source directe et inépuisable d'énergie dans son état propre, comme les énergies solaire et éolienne. À cet égard, seules des règles structurelles-préventives et non comportementales-compensatoires sont efficaces pour éviter un effet qui, plus qu'irréversible, peut se révéler catastrophique.

En outre, la structure économique permet et encourage l'apparition d'une forme plus dangereuse de croissance économique. L'extrême pauvreté et l'exclusion (conséquences directes des structures économiques) conduisent à une exploitation et à une destruction progressives et incontrôlables de l'environnement. Par exemple, dans la forêt amazonienne brésilienne et les forêts tropicales d'Afrique et d'Asie, une grande partie de la destruction environnementale est provoquée par la population exclue de la procédure de développement économique et qui cherche des moyens pour survivre. Ces initiatives ne sont toutefois pas toujours individuelles. L'exploitation de l'excédent de main-d'œuvre appauvrie et exclue, par des groupes économiques nationaux et internationaux, entraîne souvent l'exploitation et la destruction des ressources naturelles abondantes dans ces régions. L'efficacité ou la diminution des coûts s'obtient grâce à la destruction environnementale.

---

40. La théorie économique néoclassique considère que le capital et le travail sont des biens épuisables, excluant la nature de leurs observations (G. Latouche, *Les dangers du marché planétaire*, *op. cit.*, p. 69).

41. *Ibid.*, p. 70.

Le problème structurel économique des monopoles et de la pauvreté (qui sont très liés) devient alors un problème environnemental, atteignant des proportions qui mettent en péril la continuité de l'espèce. Les problèmes juridiques en rapport avec la gestion de la pénurie croissante des ressources, y compris les ressources naturelles auparavant considérées comme inépuisables, ne seront résolus que par des dispositions originales détachées de l'idéologie, construisant ainsi un droit qui puisse intervenir de manière structurelle sur le fonctionnement du système économique.

Conclusion

La conclusion d'un travail qui propose une description historique devrait-elle être capable de décrire la fin de l'histoire ?

Tel ne semble pas être le cas. La fin d'une histoire se caractérise toujours par son aspect simplificateur et idéalisateur de la réalité. Elle s'adapte à des histoires pour enfants et non à la description de la vie réelle.

Dans le monde réel, et notamment celui de la construction d'une réalité transformatrice à travers les sciences sociales, il est plus raisonnable de conclure une description historique par le début de l'histoire, ou au moins, d'une nouvelle histoire.

Pour que l'on puisse réfléchir au début d'une nouvelle histoire, il est nécessaire de réfléchir aux consensus identifiés dans notre introduction sur le pouvoir économique et voir s'il est possible de faire un contrepoint.

Si l'on peut opposer quelque chose au déterminisme économique, il s'agit de la force de persuasion des idées.

Face à l'état des lieux pessimiste décrit dans cet ouvrage, il semble à première vue difficile d'imaginer des alternatives juridiques à des structures aussi importantes et influentes, capables d'envahir et d'influencer autant de branches des sciences sociales.

Pour cela, il est d'abord nécessaire de synthétiser les conclusions concernant le fonctionnement du processus économique depuis le mercantilisme. Il en résulte une critique à l'égard de l'existence même de certains marchés et de leur fonctionnement.

Section 1

Importance et limitations des marchés

L'analyse de l'histoire coloniale qui a été faite n'est pas toujours favorable à l'existence des marchés. Comme nous l'avons vu, la recherche de nouveaux marchés et le raisonnement mercantiliste ont souvent été synonymes de domination, de dépendance et de pauvreté ; les pays sous-développés et en voie de développement, avec leur passé colonial, sont les grands témoins et les victimes de cette équation.

Outre ces événements historiques défavorables au marché, s'ajoutent des démonstrations théoriques. Dans les années 1970, l'économiste G. Akerloff a démontré, dans son ouvrage déjà mentionné (*The market for lemons*), comment certains marchés ne peuvent tout simplement pas exister en raison des inégalités d'accès à l'information entre les participants (ce que l'on appelle les asymétries d'informations).

Au final, ce travail contient une critique plus vaste de l'existence même de certains marchés. Alliés à des travaux postérieurs d'autres économistes (Stiglitz et *alii*) qui ont démontré la disparité intrinsèque et structurelle de l'information sur de nombreux marchés, ils constituent un instrument théorique puissant qui va à l'encontre du consensus portant sur les vertus du fonctionnement des marchés.

Plus de trente ans après, cette thèse se vérifie sur des marchés infiniment plus complexes. Les dérivés d'hypothèques à l'origine de la crise intense de 2008 sont complexes et « bien structurés » précisément parce qu'ils sont capables de cacher des informations sur le véritable risque encouru.

L'impact international des crises est également une conséquence de la même disparité ou absence d'informations. L'interconnexion entre les économies par le « marché » est si grande qu'il est impossible de prévoir les effets que des catastrophes économiques d'un pays peuvent avoir sur les relations d'un autre. Cette situation explique de nombreux problèmes sur les marchés futurs (d'échange et autres). L'oscillation brusque était un événement imprévisible, une information non disponible au moment de la conclusion du contrat et dont les effets ne pouvaient être évités ou empêchés. Le fait que le droit autorise des compensations ou même des refus d'accomplissement de contrat en se fondant sur la force majeure n'empêche pas ou n'empêchera pas la désorganisation des marchés et leurs effets économiques et sociaux réels négatifs. Les solutions compensatoires n'empêchent ou ne résolvent donc pas le problème structurel engendré par l'existence de ces marchés.

En réalité l'absence/la disparité d'informations sur les marchés révèle un autre problème plus grave. Il existe une différence importante entre le marché en tant que centre d'échanges d'une petite communauté ou d'un regroupement humain (c'est le marché tel que le conçoit la théorie classique) et le marché compris comme un lieu global et virtuel d'échanges et d'organisation du système économique.

Toutes ces présomptions (informations complètes, dilution d'agents) valables pour le premier marché n'existent pas dans le second. Le marché dans cette dernière sphère n'est en fait qu'un substitut rhétorique pour l'organisation des relations économiques fondées sur des relations de pouvoir et de contrôle de l'information.

Réglementer doit signifier, donc, dans certains cas (spécialement dans les marchés financiers) simplement interdire l'existence de certains « marchés ». C'est le cas de nombreux dérivés et même de nombreux futurs contrats. La théorie économique indique que les marchés qui présentent une information insuffisante ou inégale tendent à disparaître ou à être nationalisés — désormais la crise a démontré que sur le « marché mondialisé et interconnecté », la disparition et la désorganisation complète des marchés ne touchent pas seulement le lieu d'origine du problème (le marché de dérivés) mais impactent aussi une importante partie du système financier et productif justifiant la nationalisation ou demi-nationalisation à l'échelle planétaire.

La solution semble donc résider dans l'existence de moins de marchés. Les politiques défavorables aux échanges entre certaines marchandises ou services ne constituent pas nécessairement quelque chose de négatif. Historiquement, les périodes de flux d'échanges commerciaux importants (surtout des marchandises superflues) ne coïncident pas avec les phases de grandes inventions. Au contraire, c'est lorsque ces flux diminuent que l'innovation, la création et l'invention entraînent la création de richesses.

La détermination des marchés qui sont voués à disparaître n'est pas une décision économique, mais dépend essentiellement de l'instrument juridique capable de substituer le marché en tant que force d'organisation sociale. C'est pourquoi l'analyse structuraliste du droit est ici proposée.

Section 2

Pouvoir économique et sous-développement

Cette étude a mis en relief un second problème qui porte sur le fonctionnement des marchés.

S'il est inévitable que des secteurs importants du système économique continuent à obéir aux lois du marché, il convient d'analyser les alternatives qui existent pour leur fonctionnement.

L'analyse historique montre que des structures de pouvoir économique (monopoles) en tant que forme prédominante d'organisation des marchés sont capables de créer des perturbations importantes dans le fonctionnement des marchés.

Le triple drainage, thème central de cette étude concernant le fonctionnement des monopoles, confirme les effets économiques et sociaux considérablement négatifs produits par le pouvoir de ces structures sur les marchés.

À cet égard, la transformation éventuelle ne peut se réaliser ni de manière exclusive ni uniquement en matière économique. Il est nécessaire que le droit définisse des instruments de fonctionnement du système économique qui renoncent au pouvoir. Or, il n'existe pas, dans la doctrine juridique actuelle, de tels instruments ou ceux-ci ne sont pas utilisés. L'alternative juridico-structuraliste ici proposée va toutefois le faire.

Section 3

Le structuralisme juridique comme une alternative d'organisation sociale

En matière de sciences sociales, le raisonnement original est souvent celui qui va à l'encontre des systématisations. Pour échapper au rationalisme, il est nécessaire de rassembler plusieurs raisonnements critiques et d'être capable de les appliquer à des domaines particuliers. Ainsi, l'idée de rationalité de la relation intersubjective de l'École de Francfort par opposition à la rationalité finaliste des institutions du système est intéressante. Des réflexions intéressantes peuvent aussi être déduites de l'économie de la connaissance et de l'information : diffusion de la connaissance et asymétrie dans l'information. Ces réflexions conduisent à une théorie économique procédurale, dont l'objectif est de créer les conditions d'un processus économique, permettant d'inclure le plus d'agents économiques possible et qui offre la possibilité aux agents de faire leurs propres choix grâce à un niveau d'informations le plus équilibré possible.

Ces deux idées, de l'action communicative et du déficit de la connaissance ou de l'information, impliquent et exigent une lutte contre le pouvoir économique[1]. L'un des plus grands obstacles à la transmission de l'information et à l'échange de communication est le pouvoir économique. Concentrant la connaissance et les informations, le pouvoir économique déséquilibre les relations et perpétue cette relation de déséquilibre, dans la mesure où il empêche que la partie qui n'a pas de pouvoir acquière des informations ou la connaissance. Il en résulte alors un déséquilibre des relations du point de vue économique et donc un déséquilibre en matière de distribution des revenus. La relation entre pouvoir économique concentré et pauvreté est ainsi mise en évidence.

Les solutions à ce problème, qui ne sont apparemment pas faciles à définir comme le montre l'histoire des idées, existent cependant. Elles impliquent toutes une nouvelle discussion structurelle sur les relations sociales et interindividuelles. Il est remarquable de noter que même la théorie des jeux, dont les présupposés individualistes sont bien connus, indique cette voie avec un raisonnement intéres-

1. Cf. J. Stiglitz, *Infomation and the change in paradigm in economics (Nobel prize lecture)*, December 8, 2001, p. 489.

sant. Dans une étude assez importante sur le pouvoir, K. Dowding démontre comment en réalité, du point de vue de la théorie des jeux, le pouvoir réside plus dans la structure des relations individuelles que dans le déséquilibre des forces entre les parties. Cette structure finit par déterminer le comportement de la personne (c'est le cas, par exemple, du dilemme du prisonnier)[2]. Il s'agit bien sûr d'une bonne nouvelle puisque cela confirme notre thèse selon laquelle les modifications structurelles sont capables de limiter le pouvoir dans la société.

Il appartient au droit de créer les instruments capables d'agir sur ces structures de relation interpersonnelle. Pour ce faire, le droit doit se libérer de l'influence des positivistes et se concentrer sur une approche structurelle des relations économiques.

Comme nous l'avons vu dans l'introduction (section 3, §3), il n'est plus possible de croire qu'il suffit de compenser les groupes ayant subi un préjudice du fait de l'activité économique et du pouvoir des structures monopolistiques. Les droits principalement compensatoires comme le droit du travail ou le droit de la consommation sont certes des instruments utiles mais insuffisants aujourd'hui pour contrôler les effets du pouvoir des monopoles sur les marchés du travail et de consommation. La rationalité monopolistique multiplie les abus exercés par des comportements individualistes. Un contrôle sur le fonctionnement et sur l'existence des centres de pouvoir est indispensable pour compléter les systèmes de compensation des effets du dysfonctionnement du marché.

Par exemple, la viabilité et la nécessité d'une plus forte protection des brevets peuvent être discutées dans un monde où l'information et la connaissance sont des sources indiscutables de pouvoir. La justification même de l'existence des brevets dans certains secteurs et la licence obligatoire de brevets de produits socialement sensibles deviennent des sujets de discussion importants. La justification économique de l'existence des brevets implique une analyse mettant en évidence les hypothèses dans lesquelles sa concession se justifie. Dans les secteurs où il existe déjà un grand niveau de compétition le brevet ne sert pas à encourager les inventions mais seulement à garantir des monopoles. En effet, dans ces secteurs, la recherche d'inventions découle de la nécessité pour les agents économiques de dominer — il est important de découvrir des nouveautés pour préserver ou conquérir des marchés. L'existence de brevets n'est justifiée que dans les secteurs où il y a des véritables trous technologiques, *i.e.* où il y a des besoins d'invention qui puisse révolutionner la technique. On peut noter que cette conclusion, si elle est acceptée, nous renvoie à des secteurs où il y a une situation technologique sem-

2. Cf. K. Dowding, *Power*, Buckingham, Open University Press, 1996, p. 42. Il est nécessaire d'expliquer cette remarque. Selon Dowding, comme le dilemme du prisonnier le démontre, les individus, dans certaines circonstances, déterminent leur action conformément au comportement attendu de l'autre individu. Deux éléments sont ici importants : d'une part, le passé, c'est-à-dire la réputation créée par la personne qui coopère ou non ; d'autre part, la structure du jeu. Dans les jeux de somme nulle, il n'y a pas d'autre alternative hormis le comportement individuel, qui est toujours mieux que toute autre alternative individuellement choisie. Ainsi, l'alternative consiste à structurer les organisations de manière à ce que les jeux ne soient pas des jeux de somme nulle et qu'une réputation de comportement individualiste ne soit pas créée. Comme on le verra, les règles juridiques, lorsqu'elles sont correctement appliquées, peuvent influencer positivement les deux éléments (réputation et structure du jeu).

blable à celle de la Révolution industrielle lorsque les brevets dans leur forme et leur justification actuelle ont été reconnus. À cette époque, il y avait beaucoup de défis technologiques à relever, ce qui justifiait la reconnaissance des brevets.

Dans le domaine du droit de la régulation, l'existence du pouvoir économique et des monopoles a aussi besoin d'une approche structuraliste spécifique. Leur contrôle et même leur suppression ne sont pas tant justifiés par des considérations juridiques ou économiques, mais plutôt par une volonté de réformer le système de production, qui à cause de sa structure monopoliste, engendre une concentration des ressources économiques et sociales étudiées dans les chapitres 2 et 3. Ainsi les mesures structurelles visant à la duplication de réseaux, en tant que garantie de gestion indépendante des biens essentiels dans l'intérêt de plusieurs agents économiques, constituent des limites à une grande accumulation de pouvoir.

Toutefois, les changements structurels ne peuvent se résumer à des institutions particulières du droit économique et de l'entreprise. L'institution de la propriété mérite également d'être remise en cause. Dans une situation où la pénurie concerne tout type de biens, il est indispensable de reconnaître son importance structurelle dans le fonctionnement du système économique. Il faut alors revoir l'institution, pour l'adapter à la situation de pénurie relative de chaque bien ; comme il est nécessaire de reconnaître dans les brevets un concept plus dynamique et adapté aux besoins actuels.

Le droit de propriété doit élargir son domaine de reconnaissance et de régulation des biens communs, qu'il s'agisse de biens ayant plusieurs propriétaires ou alors de biens qui, par leur importance, doivent être utilisés pour tous ceux (consommateurs, concurrents, entreprises) qui en dépendent (*essential facilities*).

Un autre type de bien qui exige une reconnaissance et un traitement particulier, notamment en ce qui concerne le droit de propriété, est l'environnement. Les régions protégées, spécialement les forêts, ne devraient pas être utilisées de façon exclusive selon le critère de la propriété classique. En effet, selon des estimations récentes, 75 % des forêts vierges encore existantes dans le monde se situent dans des régions de populations indigènes où la propriété commune de la terre prévaut. L'idée de non-exclusivité de l'usage de la terre et la dépendance des communautés indigènes aux forêts caractérisent ce type de région, qui exige un régime particulier de protection.

Même les biens de consommation, pour lesquels la méthode classique de propriété est la plus adaptée, doivent être utilisés de façon plus prudente. Dans un environnement de raréfaction des ressources, les externalités sociales négatives engendrées par le gaspillage sont réelles.

Ainsi, les solutions juridico-structurelles fondées sur une révision du fonctionnement du système économique doivent modifier de façon originale les institutions classiques, qui le plus souvent sont liées aux sociétés agraires anciennes (par ex. le droit de propriété) ou au début de la Révolution industrielle (par ex. les brevets), dans lesquelles la pénurie, les inégalités et la survie de l'espèce étaient des problèmes encore distants.

Chacune de ces institutions juridiques mérite une analyse systématique, ce qui n'est toutefois pas compatible avec l'objectif de cette étude. Notre étude n'est qu'une petite introduction à cette analyse structurelle, basée sur une vision critique de la réalité des théories économiques à la mode.

Bibliographie

AKERLOFF (G.), "The market for lemons : quality uncertainty and the market mechanism", in *Quarterly Journal of Economics*, vol. 89 (1970), pp. 488 et ss.

Mc ALPIN (M.), "Dearth, Famine and Risk : the changing impact of crop failures in Western India, 1870-1920", in *The journal of economic history* v. 39, n. 1 (1979), p. 143 et ss.

ARENDT (H.), *Macht und Gewalt*, 15e ed., München, Zürich, Pipen, 2003.

BAYLY (C. A.), "State and economy in India over seven hundred years", in *Economic History Review* n. 38, 4 (Nov. 1985), p. 583 et ss.

BECKER (G.), *The economic approach to human behavior*, Chicago, University of Chicago Press, 1976.

BLACKBURN (R.), *The overthrow of colonial slavery*, New York, Verso, 2000.

BORK (R.), *The antitrust paradox*, New York, The Free Press, 1978.

BOWEN (H. V.), "Sinews of trade and empire : the supply of commodity exports to the East India Company during the late eighteenth century" in *Economic History Review* LV, 3 (2002), p. 466 et ss.

BRENNER (R.), *Merchants and Revolution — commercial change, political conflict and London's Overseas Traders, 1550-1653*, London, Verso, 2003.

BROHMAN (J.), "Postwar Development in the Asian NICs : Does the Neoliberal Model Fit Reality?", in *Economic Geography* 72, 2 (1996), pp. 107 et ss.

BULMER-THOMAS (V.), "The Latin American economies 1929-1939", in *Cambridge History of Latin America*, vol. VI, n. 1, Cambridge, Cambridge University Press, 1986, p. 65 et ss.

The economic history of Latin America since independence, Cambridge, Cambridge University Press, 1994.

Cardoso (F. H.) et Faletto (E.), *Dependency and development in Latin America*, Berkeley, University of California Press, 1979.

Cardoso de Mello (J. M.), *O capitalismo tardio*, São Paulo, Brasiliense, 1982.

Carvalhosa (M.), *A nova Lei das Sociedades Anônimas*, 2e ed., Rio de Janeiro, Paz e Terra, 1977.

Chaudhuri (K. N.), "The East India Company and the Export of Treasure in the Early Seventeenth Century", in *The economic history review*, v. XVI, (1963-1964), p. 23 et ss.

"Treasure and trade balances : the East India Company's export trade, 1660-1720", in *The economic history review*, v. XXI (1968), p. 480 et ss.

"Foreign trade and Balance of Payments", in *Cambridge Economic History of India*, vol. 2, Cambridge, Cambridge University Press, 1983, p. 804 et ss.

Chavagneux (C.), *Les acteurs de la mondialisation*, in *Les enjeux de la mondialisation*, Paris, La Découverte, 2007.

Comanor (W.), et Smiley (R.), "Monopoly and the distribution of wealth", in *The Quarterly Journal of Economics* 89, 2 (1975), p. 177 et ss.

Conceição Tavares (M.), *Acumulação de capital e industrialização no Brasil*, Campinas, Editora Unicamp, 1974.

Dasgupta (P.), et Stiglitz (J.), "Industrial Structure and the nature of innovative activity", in *The economic journal*, n° 90 (1980), p. 266 et ss.

Davies (R.), *The rise of the atlantic economies*, Ithaca, Cornell University Press, 1973,

Dean (W.), "The brazilian economy, 1870-1930", in *Cambridge History of Latin America*, vol. V, Cambridge, Cambridge University Press, 1986, p. 685 et ss.

Denoon (D.), *Settler capitalism : the dynamics of dependent development in the southern hemisphere*, Oxford, Clarendon Press, 1983.

Dowding (K.), *Power*, Buckingham, Open University Press, 1996.

Elson (R.), "International Commerce, the State and Society : Economic and Social Change", in *Cambridge History of Southeast Asia*, vol. 2, Cambridge, Cambridge University Press, 1992, p. 131 et ss.

Evans (R.), *In defense of history*, Norton, New York-London, 1999.

Fausto (B.), "Brazil : the social and political structures of the first republic, 1889-1930", in *Cambridge History of Latin America*, vol. V, Cambridge, Cambridge University Press, 1986, p. 779 et ss.

Frieden (J.), *Global capitalism — its fall and its rise in the twentieth century*, New York, Norton & Company, 2006.

Fourcade (M.), *Les britanniques en Inde (1858-1947) ou le règne du "cyniquement correct"*, in M. Ferro, *Le livre noir du Colonialisme*, Robert Lafond, 2003, p. 401 et ss.

Furtado (C.), *A Economia Latino-americana*, São Paulo, Companhia Editora Nacional, 1976.

Formação Econômica do Brasil, São Paulo, Cia. Editora Nacional, 1986.

"Desenvolvimento e subdesenvolvimento", in *Cinqüenta anos de pensamento na CEPAL*, Rio de Janeiro, Record, 2000.

Galbraith (J. K.), *A history of economics — the past as the present*, London, Penguin Books, 1991.

Gay (P.), *A cultura de Weimar*, Rio de Janeiro, Paz e Terra, 1978.

Habermas (J.), *Theory and practice*, Boston, Beacon Press, 1973 (trad. fr. *Théorie et pratique*, Payot, 2006).

Theorie des kommunikativen Handelns — Band I : Handlungsrationalität und gesellschaftliche Rationalisierung, Suhrkamp, 1999 (trad. fr. *Théorie de l'agir communicationnel*, t. 1, Rationalité de l'agir et rationnalisation de la société, Fayard, 2001).

Halperin Donghi (T.), "Economy and society in post independence Spanish America", in *Cambridge History of Latin America*, vol. III, Cambridge, Cambridge University Press, 1985, pp. 229 et ss.

Hayek (F.), "The use of knowledge in society", in *American Economic Review* XXXV, 4 (1945), pp. 519 et ss.

Hegel (G.), *Phänomenologie des Geistes*, Suhrkamp Verlag, Frankfurt, 1970 (trad. fr. *Phénoménologie de l'esprit*, Folio Gallimard, 2002).

Higman (B. W.), "The sugar revolution", in *Economic history review* (2000) n. 2, p. 213 et ss.

de Jouvenel (B.), *Du pouvoir : histoire naturelle de sa croissance*, Genève, Constant Bourquin, 1947.

Kant (I.), *Kritik der reinen Vernunft*, Hamburg, Felix Meiner, 1956 (trad. fr. *Critique de la raison pure*, GF Flammarion, 2001).

Latouche (S.), *Les dangers du marché planétaire*, Paris, Presse de la FNSP, 1998.

Lipovetsky (G.), *Le bonheur paradoxal- essai sur la société d'hyperconsommation*, Paris, Gallimard, 2006.

Love (J.), "Economic ideas and ideologies in Latin America since 1930", in *Cambridge History of Latin America*, Vol VI, 1, Cambridge, Cambridge University Press, 1994, p. 393 et ss.

Luhmann (N.), *Macht*, 3e ed., Stuttgart, Lucius & Lucius, 2003.

Macleod (M.), "Aspects of the internal economy of colonial Spanish America : labour, taxation, distribution and exchange", in *Cambridge History of Latin America*, Cambridge, vol. II, Cambridge, 1984.

Marcuse (H.), *One dimensional man — studies in the ideologies of advanced industrial societies*, Boston, Beacon Press, 1964.

Maselman (G.), "Dutch Colonial Policy in the Seventeenth Century", in *The journal of economic history*, v. 21, n. 4 (December 1961), p. 455 et ss.

MILWARD (B.), *Globalization? Internationalization and monopoly capitalism*, Cheltenham, Northampton, Elgar, 2003.

MINTZ (S. W.), *Sweetness and power : the place of sugar in modern history*, New York, 1985.

MORRIS (M.), "Towards a reinterpretation of the XIX Century Indian Economic History", in *Journal of Economic History*, v. 23, n. 4 (1963), p. 606 et ss.

"The growth of large scale industry to 1997", in *The Cambridge Economic History of India*, Cambridge, Cambridge University Press, 1983, p. 553 et ss.

MYRDAL (G.), *Asian Drama — an inquiry into the poverty of nations*, Vol. I, New York, The Twentieth Century Fund, 1968.

Asian Drama, vol. 2, Middlesex, Penguin Books, 1968.

NIETZSCHE (F.), *Jenseits von Gut und Böse*, 3e ed., Berlin, New York, de Gruyter, 1993 (trad. fr. *Par delà bien et mal*, Gallimard, 1987).

NORTH (D.), *Structure and change in economic history*, New York — London, Norton, 1981.

DE OLIVEIRA (F.), *A economia da dependência imperfeita*, 5e ed., Rio de Janeiro, Edições Graal, 1989.

PERROUX (F.), *Le capitalisme*, Paris, PUF, 1962.

PHILIPS (C. H.), *The East India Company 1784-1834*, Manchester, Manchester University Press, 1940.

POLANYI (K.), *The great transformation*, Boston, Beacon Press, 1957 (trad. fr. *La grande transformation*, Gallimard, 1983).

POSNER (R.), *Law, pragmatism and democracy*, Cambridge, Harvard University Press, 2003.

POWELL (I.), "The effect of reduction in concentration in income distribution", in *The Review of Economics and Statistics* 69, 1 (1987), pp. 75 et ss.

PRADO JUNIOR (C.), *História Econômica do Brasil*, São Paulo, Editora Brasiliense, 1976.

PREBISH (R.), *The economic development of Latin America and its principal problems*, New York, United Nations, 1949.

"O desenvolvimento econômico na América Latina e alguns de seus problemas principais", in *Cinqüenta anos de pensamento na CEPAL, Cinqüenta anos de pensamento na CEPAL*, Rio de Janeiro, Record, 2000.

PRIEST (G.), *A case built on wild speculation, dubious theories*, in The Wall Street Journal, 19/05/98, p. A 22.

RAYCHAUDHURI (T.), "The mid-eighteenth century background", in *Cambridge Economic History of India*, vol. 2, Cambridge, Cambridge University Press, 1983, p. 3 et ss.

RIGBY (S. H.), *Marxism and history — a critical introduction*, Manchester, Manchester University Press, 1998.

Rock (D.), "Argentina form the first world war to the Revolution of 1930", in *Cambridge History of Latin América*, vol. V, Cambridge, Cambridge University Press, 1986, p. 419 et ss.

Rodrik (D.), "Why do more open economies have bigger governments", in *Journal of Political Economy*, (1998 — 10), v. 106, n. 5, p. 997 et ss.

Rosenberg (N.), *Schumpeter and the endogeneity of technology*, London, Routledge, 2000.

Rouquie (A.) et Suffern (S.), "The military in latin american politics since 1930", in *Cambridge History of Latin America*, vol. VI, 2, Cambridge, Cambridge University Press, 1994, p. 233 et ss.

Russell (B.), *History of Western Philosophy*, London, Routledge, 2002 (trad. fr. *Histoire de la philosophie occidentale*, Gallimard, 2002).

Salomão Filho (C.), "Regulação e desenvolvimento" in C. Salomão Filho (org.) *Regulação e desenvolvimento*, São Paulo, Malheiros, 2002.

Direito concorrencial — as estruturas, 3e ed., São Paulo, Malheiros, 2007.

Direito concorrencial — as condutas, 1re ed., 2e tir., São Paulo, Malheiros, 2007.

Salomão Filho (C.), Ferrao (B.), Ribeiro (I.), *Concentração, estruturas e desigualdade — as origens coloniais da pobreza e da má distribuição de renda*, São Paulo, 2009.

Scherer (F.), *Industrial market structure and economic performance*, Chicago, Rand Mc Nally, 1970.

Schumpeter (J.), "The Communist Manifesto in Sociology and Economics", in *Journal of political economy*, n. 57, 3 (1949), p. 199 et ss.

Capitalism, socialism and democracy, New York, Harper Perennial, 1976 (trad. fr. *Capitalisme, socialisme et démocratie*, Payot, 1990).

Theorie der wirthschaftlichen Entwicklung, 8e éd., Berlin, Dunckher & Humblot, 1993 (trad. fr. *Théorie de l'évolution économique*, Dalloz Sirey, 1999).

Sen (A.), *Poverty and famines — an essay on entitlement and deprivation*, Oxford, Clarendon Press, 1981.

Sklair (L.), *Globalization — capitalism and its alternatives*, 3e ed., Oxford, Oxford University Press, 2002.

de Sousa (I. E.), *Exposição do Visconde de Mauá aos credores de Mauá & C e ao público*, Rio de Janeiro, J. Villeneuve & C, 1878.

Spence (M.), "Signaling in retrospect and the informational structure of markets", *Nobel Prize Lecture*, 8 déc. 2001.

Stiglitz (J.), *Whither socialism*, Massachusetts, MIT Press, 1997.

"The contributions of the economics of information to twentieth century economics", in *Quarterly Journal of Economics* 115, 4 (2000), p. 1441 et ss.

Information and the change in paradigm in economics, Nobel Prize Lecture, 8 déc. 2001.

TARLING (N.), "The establishment of the colonial regime" in *Cambridge History of Southeast Asia*, vol. 2 Cambridge, Cambridge University Press, 1992.

THORP (R.), "The Latin American economies 1959-1990", in *Cambridge History of Latin America*, vol. VI, 1, Cambridge, Cambridge University Press, 1994, p. 159 et ss.

VAIDYANATHAN (A.), "The Indian economy since independence (1947-1970)", in *The Cambridge Economic History of India*, Vol. II (1757-1970), p. 947 et ss.

WACHTEL (N.), "The Indian and the Spanish conquest", in *Cambridge History of Latin America*, v. I, Cambridge, Cambridge University Press, 1984, p. 207 et ss.

WEBSTER (A.), "The political economy of trade liberalization : the East India Company Charter Act of 1813", in *Economic History Review*, 1990, n. 3, p. 404 et ss.

WIEACKER (F.), *Privatrechtsgeschichte der Neuzeit*, 2e ed., Göttingen, Vandenhoeck e Ruprecht, 1967.

WIGGERHAUS (R.), *Die Frankfurter Schule*, 6e ed., München, Deutscher Taschenbuch Verlag, 2001 (trad. fr. *L'École de Francfort*, PUF, 1993).

WILLIAMSON (J.), "Globalization, convergence and history", in *The journal of economic history*, n. 56 (2) juin 1996, p. 277 et ss.

"Land, labor and globalization in the third world, 1870-1940", in *The Journal of Economic History*, n. 62 (1), mars 2002, p. 55 et ss.

Globalization and the poor periphery before 1950, Cambridge, MIT Press, 2006.

WITTGENSTEIN (L.), *Tratactus Logico-Philosophicus*, London, Routledge, 2002 (trad. fr. Tel Gallimard, 2001).

WOLF (E.), *Europe and the people without history*, Berkeley, University of California Press, 1982.

YEAGER (T.), "Encomienda or slavery? The Spanish crown's choice of labor organization in sixteenth century Spanish America" in *Journal of Economic History* v. 55 (4), déc. 1995, p. 842 et ss.

Table des matières

IMPRIM'VERT®

Achevé d'imprimer par Corlet, Imprimeur, S.A. - 14110 Condé-sur-Noireau
N° d'Imprimeur : 67483 - Dépôt légal : février 2010 - *Imprimé en France*